街場の共同体論

内田 樹

JN230146

潮新書

005

潮出版社

本書は二〇一四年六月に小社より刊行された単行本を新書化したものです。

まえがき

皆さん、こんにちは。内田樹です。今回は「共同体論」でお目にかかります。コンテンツは、過去数年の間に月刊誌『潮』に掲載されたインタビューと寄稿エッセイをまとめたものです。「ありもの」をぱっぱとまとめて、ちょっと加筆して、一丁上がり、というふうに（編集者も僕も）気楽に考えていたのですが、実際にゲラに手を入れ始めたら、書き足したいことがどんどん出てきてしまって、仕上げるのに半年ほどかかってしまいました。

扱われているトピックはそのときどきに話題になったこと（つまり、現時点から見ると、ちょっと「古い」ネタです）が、それについての観察や分析には、それから経過した年月の間に僕が考えたこと（そのときには思いつかなかった「あとぢえ」）が書き込まれています。インタビューの場合、質問はそのときに編集者から実際になされたものをそのまま載せていますが、答えはそのときに答えたこととずいぶん（まるで）違っております。ですから、ほぼ「書き下ろし」と申し上げてよいかと思います。

本書では、家族論、地域共同体論、教育論、コミュニケーション論、師弟論など、「人と人の結びつき」のありかたについて、あれこれと論じておりますが、言いたいことは簡単と言えば簡単で、「おとなになりましょう」、「常識的に考えましょう」、「古いものをやたら捨てずに、使えるものは使い延ばしましょう」「若い人の成長を支援しましょう」といった「当たり前のこと」に帰着します。

でも、この「当たり前のこと」が通じない世の中になりつつあるように僕には思われます。

どんどんと人々が（特に社会システムの舵取りをしている人たちが）幼児化しています。言うことがだんだん非常識になり、「変化だ、改革だ、スピード感だ、キャッチアップだ、バスに乗り遅れるな」とうわずったような言葉が流布し、万人が「パイ」を奪い合う競争をしているんだから、敗者はどんな目に遭っても「自己責任」だ、というような薄っぺらで、手触りの痛い、棘《とげ》のある言説ばかりがメディアに溢れています。「まあ、そんなにかりかり焦らず」とか「座ってお茶でも飲んで、ゆっくり考えましょう」というような、心を鎮めて、みんなで知恵を出し合いましょうといったタイプのソリューションは見向きもされません。悪い時代になったものです。

この本は「まあ、いいから、ちょっと落ち着いて。いったい何があったんですか？　じっくり一緒に考えようじゃないですか」という態度で貫かれております。そういういささか時代遅れの風儀で最後まで通させて頂きます。

僕のような「日本一のイラチ男」がそういうことを言い出すわけですから、いかに現代日本人の「うわずり」ぶりが病的であるかおわかり頂けると思います（「イラチ」というのは関西の言葉で、「せっかち」のことです）。

でも、それを「ウチダも年を取って、角がとれて、穏やかになったね」とかそういうふうに思われては困ります。僕は今も昔も相変わらずの「日本一のイラチ男」です。「イラチ」だからこそ、時間を無駄にすることに対する怒りを抑えることができないのです。どうして、よく考えもせずに、浮き足立ってそんなバカなことをして時間と手間を無駄にするのか……という嘆きが、これらの文章を駆動しております。

はっきり申し上げますけれど、今日本で進められているさまざまな「改革」は、あと何十年かすれば（できればあと何年かのうちにそうなればいいのですが）、「あんなこととしなければよかった」と、みんながほぞを噛むようなことばかりです。「あんなことをしなければよかったこと」だけを、官民挙げて選択的に遂行しようとしている。そのことに僕はほとんど驚倒するのです。外交も内政も、経済政策も教育政策も、ほとんどがそうです。

もちろん、五〇年後には、これらの失敗はちゃんと反省され、然るべき補正がなされていて、日本はまた順調に機能していると信じたいと思います。でも、日本人が自分たちの犯した失敗に気づくまでの間に、日本はどれだけのものを失うでしょう。美しく豊かな自然資源や、受け継がれてきた生活の知恵や伝統文化、日本人の心性に深く根づいた宗教性や感受性などの「見えざる資産」の多くは、一度失われてしまったら、再生することが困難なものです。目先の銭金やイデオロギー的な思い込みと引き替えに、この列島の住民たちが千年以上をかけて丁寧に作り上げてきた、これらの「見えざる資産」が破壊されてゆくことを、僕は深く惜しむのです。

この狂躁的な制度改革を駆動しているのは、「このままでは日本はダメになる」という断定です。ほとんどの論客がそういう前提から語り始めています。

その場合の「このままでは」というのは、端的に言えば「もっと効率的に意思決定が下され、もっと効率的に金儲けができるシステムに切り替えなければ」という意味です。でも、それに続く「ダメになる」というのも、その内実は、よく聞くと「もっと効率的に意思決定が下され、効率的に金儲けできるシステムになっていないこと」なのです。つまり、

「このままでは日本はダメになる」と論じている人たちは、「効率的に意思決定し金儲けできるシステムに切り替えないと、効率的に意思決定し金儲けできない」という「同語反復」をしているだけなのです。

なぜ、政策決定のスピードが選択された政策の適切性よりも優先されなければならないのか、なぜ金儲けが唯一無二の国家目標に据えられなければならないのか、それについての説明は、この同語反復命題のどこにも書かれていません。それはあまりに自明なことなので、説明の要さえないと信じられているようです。

でも、僕としてはぜひ説明を伺いたい。どうして、国家目標が「スピーディな政策決定と効率的な金儲け」に縮減されなければならないのか。そのためには、国土が汚されても、自然が失われても、階層格差が拡がって、社会的弱者が切り捨てられても、集会結社の自由や言論の自由が制約されてもしかたがないのだということの根拠は何なのか。誰か論理的な言葉で説明してほしいのです。

「経済成長が止まったら日本は終わりです」と断言する人に伺いたいのです。何が「終わり」なのか。

二〇一二年の経済成長率世界一はリビアです。カダフィが死んで、内戦状態にある国が成長率世界一です。二位はシエラレオネです。独立以来内戦が続き、「国民の平均寿命が世界一短い国」と嘆かれたシエラレオネが第二位です。三位はアフガニスタンです。米国が撤退したら政府とタリバンの内戦が始まることが確実なアフガニスタンが第三位です。これらの国の成長率の高さと「国民の豊かさ」の間にどういう相関があるのか、経済成長論者は説明する義務があるでしょう。でも、誰も説明してくれません。

国民一人あたりGDPが最高の国、経済指標として「国民が最も豊かな国」はルクセンブルクです。経済成長率は年率〇・三四パーセント、世界一四八位、日本よりはるか下です。イギリスもフランスもドイツもオーストリアもスイスもノルウェーもデンマークも、日本より成長率はずっと下です。それらの国は「どう終わっている」のでしょうか。誰か説明してほしいのですが、誰も説明してくれません。

エコノミストたちは「経済成長が止まったら日本は終わりだ」という呪文を唱え続け、メディアもその呪文をそのまま繰り返しています。「終わらせない」ためには法人税を下げるしかない、人件費を切り下げるしかない、原発を再稼働するしかない、経済特区を作るしかない、カジノを作るしかない、五輪を招致するしかない、労働組合をつぶすしかない、言論の自由を制約するしかない……。そうやって効率化のための政策が次々と現実化してゆきます。「成長以外の選択肢があるのではないか？」という問いかけは、今のメディアでは誰も提起しませんし、誰も耳を傾けません。

そのような集団的な思考停止状態に現代日本人は置かれています。この現実に対する深い絶望感が、本書の基調低音をかたちづくっています。

でも、そのわりにはわりと楽観的なところもあります。それは政治やメディアや教育がここまで不調になってしまった以上、やれることはもう自分でやるしかないと腹をくくっているからです。自分でやるしかない以上、僕からの政策的提案は「自分にできること」に限定されています。自分の手に余ることはしない。絶望的な状態に置かれたときには、まず足元の瓦礫を拾い上げるところから始める。それは阪神の大震災のあとに、崩れた大学校舎を見つめてしばらく呆然と立ち尽くしたあと、しゃがみこんで最初のガラスの破片を拾い上げたときに自分で決めたルールでした。

あれから一九年が経って、僕はそのとき自分で決めたルールをもう一度思い出していま す。まず自分の足元のガラスの破片を拾い上げること。たぶん、他の場所でも、僕と同じように足元の瓦礫を片付けるところから、黙って仕事を始めている人がいるはずです。その人たちといつかどこかで出会って、「あ、こんにちは。ここまでは僕が片付けておきました」「おや、そうですか。この先は私がやっておきました」という会話をかわして、少しだけほっとする。そういう光景を想像して、それまでは、その望みを頼りに生きてゆくことにします。

資本主義の終焉
次世代主義の共創

街場の共同体論◆目次

情報を鑑定する能力
先行世代からの松明を引き継ぐ
個人の息づかいが感じられるＳＮＳへ
時代の潮目が変わり始めた
年長者たちが「ブラック企業」化している
成功している人は「自己決定」しない
「自分探し」という自滅的なイデオロギー
低学力、反知性主義、利己的な若者たち
「一億総クレーマー」↓「一億総下層化」
師匠探しの旅
弟子からの一方通行でよい
自分に「居着かない」開放感
「師を欲望する仕方」を学ぶ

「学びのスイッチ」が入れば、もう停まることはない
「この人についていっても大丈夫」という確信
「師」は走り回って探すもの
自分がまず「おとな」になってみる

第一講

父親の没落と母親の呪縛

親子関係がむずかしいのは、今に始まったことじゃない

雑誌の取材はたいてい「最近これこれこういうふうに世の中が変わりましたが……」という切り口で始まります。でも、そういう「最近世の中はこう変わった」というのはあまり信用しないほうがいい。

「実は、昔からずっとそうでした」ということがけっこう多いからです。

親子関係についてもそうです。もちろん、親子のかたちは歴史的条件に応じて少しずつ変質してはいますが、基本的にはいつも同じです。それは、親子関係はむずかしいということです。親子関係が簡単であった時代なんか人類史上一度もありません。むずかしさのかたちが違うだけで、むずかしいことに変わりはない。

近代日本だけを見ても、親子の気持ちがよく通じ合って、親子のコミュニケーションが全社会的に円滑であったというような時代は一度もありません。そのつどつねに親子関係は、その時代に固有の困難さを抱えていました。

今はむしろ、相対的には親子関係が表面的には穏やかな時代ではないのかとさえ思いま

す。「穏やか」というよりは、「大きな問題が水面下に沈んでいて見えていない」というほうが正確かもしれませんが。問題はいずれ表面化するかもしれない。でも、今はまだ見えてこない。そういう段階ではないかと思います。

親子関係がむずかしくなったという印象は、メディアが積極的に流布しているものです。問題が起きると、「どうして起きたのか」「どうしたら補正できるのか」についての情報のニーズが増える。それを提供するのはメディアの仕事ですから。メディアはその本性上、あらゆるところに「困難な問題」を探しだそうとします。僕はそれが悪いと言っているのではありません。メディアというのは「そういうもの」なんですから、文句を言っても始まらない。

ただ、読者の皆さんには、あまりメディアに振り回されずに、「大々的に報道されているが、実はよくあること」と、「あまり報道されていないが、実は前代未聞のこと」を、自力で見分ける工夫はされておいたほうがいいですよ、と申し上げたいだけです。

「少年犯罪が増えている」という嘘

この種の、「昔はよかったが、最近は世の中が悪くなった」という言明は、おおかたが印象的なものであって、統計的根拠があるわけではありません。

例えば、少年犯罪については、「少年犯罪が急増しています」ということを自明のことのように言う人がいます。これは端的に嘘です。そういう印象を多くの人が抱いているというのは事実ですが、その印象と現実の数字の間には大きな乖離《かいり》がある。実際には少年による凶悪犯罪件数は減り続けているからです。

少年の凶悪犯罪の発生件数が一番多かったのは、一九五〇年代末から六〇年代はじめにかけてのことです。僕が子供の頃です。その頃が殺人も強盗も一番多かった。性犯罪も多かった。強姦件数は六〇年代半ばがピークです。発生件数は、現在ではその当時の六分の一以下まで減少しています。

けれどもメディアでは、コメンテイターたちが「最近少年による性犯罪が激増していま す」というようなことを、当然の事実のことのように口にする。その人にはそう「思えた」のかもしれませんが、それはただの個人の印象に過ぎません。でも、そういう根拠のない「なんとなく、そんな気がする」程度のコメントがたび重なると、東京都の青少年健全育成条例のような怪しげなものが現実化してしまう。

あの条例は青少年による性犯罪が激増しており、それは「有害図書」へのアクセスが容易になったからである、という二つの嘘に基づいて起案されたものです。今、「嘘」と強い言葉を使いましたが、そう言ってよいと思います。

少年犯罪件数の戦後のピークは一九五八年です。その頃には子供たちのまわりにはエロゲーも、ポルノビデオも、エロサイトもありませんでした。性に関する情報から子供たちはほとんど組織的に遮断されていました。そして、その時代に少年の性犯罪発生件数が最多を記録した。この事実から一つだけ科学的に推論できることは、性犯罪の発生件数と「有害図書」の存否の間に、有意な相関は存在しないということです。とりあえずはそれだけ。

であれば、「有害図書」を規制しても性犯罪件数は減るわけがない。それくらいのことは統計資料を見れば五秒でわかることです。にもかかわらず、この条例を起案した都の役人も都議会議員もその五秒を惜しんだ。別に仕事をさぼるのは構いません。僕は都民じゃないから「市民の税金で無駄飯食うな」というようなことは申し上げません。問題なのは「犯罪はどのような社会的ファクターと相関するのか」という真に社会的に有用な論件に、この人たちが興味を持っていないということです。

冤罪事件が司法組織を腐敗させるのは、犯人捜しに焦って無実の人を罪人にするからより、むしろ本当の犯人を野放しにしても気にしない心性を作り出してしまうからです。無実の人を間違えてつかまえてしまうのは、たぶん「犯罪を撲滅したい」という意欲が空回りした結果です（そう好意的に解釈することにしています）。ほめられた話じゃないけど、その気概には掬《きく》すべきものがある。でも、「真犯人を野放しにしても平気」というのは、どんなことがあっても司法官の心に去来してはならない感懐です。そんな人間には絶対に司法にかかわってほしくない。

それと同じです。少年犯罪の発生と「有害図書」の間に相関がないことを知りながら、「有害図書が犯人だ」と言い募るのは、本気で少年犯罪を減らす気がないからです。少年犯罪にも出版文化にも何の興味もない人間だけが、こんな粗雑な条例を思いつく。これは行政官にも政治家にも決して許されない、世間をなめきった態度だと僕は思います。だから、腹を立てているんです。

核戦争という黙示録的な恐怖

いきなり怒り出してしまいました。すみません。話をもとの筋に戻します。

家族論に入るマクラのところで、犯罪は増えているかどうかという話で横道にそれてしまったのでした。でも、ついでだからその話をもう少しさせてください。それから本筋に戻ります。

たしかに、猟奇殺人やシリアルキラーのような、ふつうの人間的感覚では動機が理解できないような犯罪者は、どんな時代どんな社会にも必ず一定のパーセンテージは出現します。そういう極端に残忍な、あるいは人間の条理では理解できない犯罪は、昔も今も変わらずに行われています。そういう病的な犯罪に手を染める人の一〇万人あたりの発生数は、どんな時代のどんな社会集団でもたいして変わらないだろうと思います。今は、犯罪件数そのものが減って、母数が小さくなっているので、そういう常数的な犯罪、いつの時代にもある際立って猟奇的な犯罪だけが前景化してくる。ですから、凶悪犯罪ばかりが頻発しているような印象を与える。

実際には、日本での少年犯罪はこの半世紀で急激に減りました。だから、日本はなぜ少年犯罪の減少に成功したのか、それを知りにヨーロッパから視察団が来るほどなのです。世界の国々から「どうやって少年犯罪がこれほど減ったのですか？」とその秘密を訊ねられている当の国で、「少年犯罪が急増しているから、取り締まりを強化せねば」というような議論が平然と行われている。この現実認識の乏しさのほうが僕は恐ろしい。

自殺率についての議論もそうです。日本人の自殺率が激増しているというけれど、これも嘘です。日本の自殺率がピークだったのはこれまた一九五八年です。一〇万人あたり二五・七人。これは当時世界一の数値でした。

一九五八年というと戦後の混乱が収まり、高度経済成長が始まった時期ですから、多くの人が「今と比べてはるかに希望に満ちた時代」だったと回想しています。僕もリアルタイムでその時代の空気を呼吸していますから覚えています。たしかに子供にとってはのんびりとした穏やかな時代でした。でも、その年が少年犯罪の発生件数も自殺率もピークだった。つまり、犯罪発生件数や自殺率と、僕たちが記憶している「時代の気分」の間には、それほど単純な相関があるわけではないということです。

今の年寄りたちが「高度成長期の日本は夢があって、親子も仲良くて、地域社会のつながりも深くて、国民は幸せだったけれども、それからどんどん社会が悪くなった」というような回想をするのを、軽々に信用してはいけません。時代の気分ということで言えば、そういう「三丁目の夕日」的ノスタルジーを語る人たちが、決して口に出さないことがあります。

それは一九六〇年前後の日本には、「黙示録的な恐怖」が取り憑いていたということです。

でも、それは誰も日常生活の話題にはしなかった。「黙示録的な恐怖」というのは、核戦争の危機のことです。

第二次世界大戦の末期から始まった米ソの冷戦は、一九五八年のベルリン危機、六二年のキューバ危機の頃には、いつ核戦争が始まってもおかしくないところまで来ていました。

僕たち日本人は敗戦後一五年ほど経って、ようやく戦後の荒廃から復興し、治安もよくなり、物資も豊かになり、平和を享受できるところまで来ました。でも、米ソの核戦略に対して、日本人には何の発言権もありません。僕たちがまったく与《あずか》り知らないところで、僕たちの運命が決められている。どちらかの国のリーダーが核ミサイルのボタンを押したら、それで世界は終わる。日本列島にもたぶん開戦後数十分後くらいにはＩＣＢＭが飛来して、みんな死ぬ。それはＳＦ的妄想ではなく、一九六〇年前後においては切迫する現実でした。

今、「ＳＦ的妄想」と言いましたけど、ＳＦというジャンルそのものが、実はその時代に出現したものなのです。「人間が統御できないテクノロジーによる人類の終わり」という終末のイメージを表現できるフィクションのジャンルが、それまでは存在しなかったからです。終末の接近があまりにリアルなのに、そのリアリティを掬《すく》い上げるためのジャンルが存在しない。だから、新しいジャンルが一つ発明された。

でも、その時代の気分は、もうその時代のＳＦ映画やＳＦ小説にしか残っていません。みんな忘れてしまったのです。

一九五八年に自殺者や犯罪が多かった理由の一つは、核戦争の切迫ではないかと僕は思っています。足元から世界が崩れるような、存在論的な不安を身体の奥で感じてしまった人たちが、現世の秩序や道徳や価値観にリアリティを感じられなくなって、ずるずると犯罪や自殺に引き寄せられていったという可能性はあったと僕は思います。こんなところで汗水流して働いても、あと数週間か数カ月後にはすべてキノコ雲の下に消えるかもしれないと思っていたら、バカバカしくて、まじめに生活する気なんかしなくなった……ということはありえたと思います。

でも、そういう「気分」はどのようなデータにも残されていません。だから、過去の「時代の気分」を僕たちは簡単に忘れてしまう。今僕が書いたことについてだって、「そういえばそうだったかもしれない」と言う人と、「全然違うよ」と言う人がいるでしょう。だから、そんなあやふやなものに基づいて何ごとかを語ることはできない、と。そういうことです。

僕らが比べることができるのはとりあえず数値だけです。そして、数値は犯罪発生件数や自殺率や一人あたりGDPのようなわかりやすい数値に基づいて判断するなら、現代は「あのすばらしい高度成長期」よりも、はるかに幸福な時代だということです。

間違いなく数値はそう教えている。にもかかわらず、現代日本人は自分のことを「昔より不幸になっている」と思っている。そう思うのはしかたがありません。不幸だと思うのも幸福だと思うのも本人の自由ですから。でも、時代の気分と統計的な数値の間には、あまり（ほとんど）関係がないということは覚えていたほうがいいでしょう。

「未来に希望が持てないから自殺するのだ」と言う人がいますけれど、これも事実ではありません。というのは、自殺率がいちばん低くなるのは、統計的にどの国でも戦争中であるというのは、デュルケームの『自殺論』以来の常識だからです。戦争が始まり、殺されたり、爆撃されたり、略奪されたりするリスクが高まったので、未来に希望が持てるようになったという説明は、どう考えても無理があります。

例えば、二十世紀で最も自殺率が高かった時期の一つは、一九三〇年代初めのドイツです。これはナチスが政権を取った直後に当たります。ドイツが国力を高め、賃金が上がり、ベルリン五輪やナチ党のニュルンベルク党大会のような祝祭的なイベントによってドイツ人が高揚していた「希望に満ちた」時代に、二十世紀最高の自殺率が記録されています（一〇万人あたり三〇人。これは一九六〇年代にハンガリーに抜かれるまで、堂々の世界記録でした）。ドイツの自殺率についても、「未来に希望が持てないから自殺する」のだというのは無理があります。

僕が言いたいのは、ある種の「時代の気分」と自殺率の間に相関があるにしても、その「気分」が何であるかをエビデンス・ベースドで示すことは不可能だろうということです。だから、人が自殺したときに、「未来」だの「希望」だのという印象的な言葉で何か説明したような気分になるのはやめてほしい、ということです。それだけ。

親子の関係は、今も昔も疎遠である

さあ、ようやく話を戻します。親子のことについて話しているところでした。親子のことでも同じです。テレビで「最近の親子は……」というような主観的印象を語っている人たちが、いったいどのような根拠で話しているのか、きちんとしたエビデンスを示すことはほとんどありません。

戦前は正確な統計がありませんが、学問的には、子供による親殺し、親による子殺しは現代より戦前のほうが多発していたと推定されています。それに対して、戦後は子殺しも親殺しもアップダウンを繰り返しながら、ゆっくりと減少傾向にあります。現在ではいずれも年間一〇〇件程度です。

親族間の殺人件数では、配偶者殺人がトップなのです。ですから、ほんとうに家族のことを心配するなら、親子関係よりも夫婦関係を問題にすべきなのです。親子の間のコミュニケーション不調を心配する暇があったら、夫婦の間で話が通じないことのほうがはるかにリスキーなことなんですから。月刊誌だって特集を組むなら、「どうすれば親子の会話が成り立つか」よりも、「どうすれば配偶者に殺されないで済むか」を論じるほうが、よりずっと緊急性が高いのです。でも、あまりにも生々しい話なので、メディアはそんな話題は取り上げたがりません。それよりは「親子関係のむずかしさ」を論じるほうがまだしも口当たりがいいので、お茶を濁している。

でも、とりあえず言えるのは、昔は親子関係は親密だったが、現代では疎遠になったというのは事実ではないということです。親子関係は昔も疎遠だったし、今も疎遠である。ただ、疎遠である仕方が多少変わった。それだけのことです。大きく違ったのは、親子が疎遠であることを、昔の人はそれほど「困ったことだ」と思っていなかったということです。

家族同士はそれほど親密でもなかったし、それほど打ち解けてもいなかった。そのことをみんな忘れているのです。

たしかに、昭和三十年代の家庭では、ご飯のときになると家族全員がちゃぶ台のまわりに集まりました。父親はちゃんと定時に家に帰ってきたし、子供たちも夕方には家に戻っていた。塾に行くといっても、せいぜい近所の算盤塾か習字の塾くらいですから、六時前には家族全員が揃って、父親の帰りを待っていた。

でも、毎晩同じメンバーで食卓を囲むからといって、別にわいわいと話が弾んでいるというわけではありません。そこにいるのが家族の義務だから、しかたなく一緒にいただけです。ご飯を食べたら、茶の間に寝転んでマンガを読んだり、小さな音でラジオを聴いたりすることくらいは許されました。そして、一定の時間そこにとどまると、「解放」されて、寝るまでの間少しだけ自分の好きなことができた。それが昭和三十年代の「一家団欒」の実相です。今も昔も親子は疎遠なわけです。疎遠であるかたちが違うだけで。

でも、家族の中の「権力関係」は大きく変わりました。それは父親の権威が劇的に低下したということです。父親の存在感が驚くほど希薄になった。

昔の父親は子供からみるとさっぱり気持ちが通じない人だった。黙っているし、自分の気持ちを子供に丁寧に説明するということもしない。ただ、あれをしろ、これをするなと命令するだけ。父がどういう論理に従って、あれこれの指示を下すのか、子供にはわからなかった。たぶん子供には理解の及ばない「深い考え」があって、そうしているのだろうと子供たちは信じていました。でも、今は違います。

今も父親はそこにいるのだけれど、その人が何を考えているのか、何を感じているのか、妻も含めてもう家族の誰もが興味を持っていない。

何を考えているかわからないという点では、昔と変わらないのです。けれども、その父親の気持ちという「ブラックホール」が、かつては家族の他のメンバーにある種の「畏怖」の念を生ぜしめていたのに対して、今では何の関心も呼び起こさない。今も昔も「何を考えているのかわからない人」が家族内にいる。違うのは、今の父親は、何を考えているのかについて、家族の誰からも興味を持たれない人になったということです。

ですから、親が子供に対して抑圧的にふるまうということは、男親についてはもうほとんどなくなってきています。抑圧的になろうとしても、子供に相手にしてもらえないんですから。

かつての家父長は、法律的に非常に大きな権限がありました。子供たちには居住の自由も、婚姻の自由も、進路選択の自由も、職業選択の自由もなかった。父親が「ダメ」と言ったら、どうしようもなかった。逆らったら勘当です。勘当されたら、子供はいきなり生計の道を断たれ、路頭に迷うことになる。そういう強権を背景にして、戦前の家庭における父親は、家族に対して抑圧的に君臨することができたのでした。

でも、今の日本ではそんなことはもう不可能です。今の父親は家族から敬意を集めようと思ったら、もう個人的な実力によるしかない。外形的なしきたりは父親を支えてくれなくなったんですから。でも、男親の個人的な実力なんて、家庭内では発揮しようがありません。同僚との協調性とか、わがままなクライアントをなだめる調停能力とか、英語でタフな交渉ができるとか、複雑なアルゴリズムが組めるとか、世の中に出れば尊敬を集めそうな能力も、家の中では何の役にも立ちません。だから、父親は個人の実力を証明したくても、その術がない。

特に母と娘からは、父親はほぼ完全に仲間はずれにされています。これは構造的にそうなっているのです。個人の資質にはかかわらない。人間的にどんなに立派な男性でも、ろくでもない男でも、ひとしく妻と娘のコンビの前では無力である。その点では変わらない。原則として父親は相手にしてもらえないのです。

繰り返し言いますけれど、これは父親個人の人格とか力量とは無関係です。そういうふうに親族が構成されるようになったということですから。

「父と息子の葛藤」はドラマにならない

親族内におけるメンバー相互の感情というのは、社会的なルールとして制度的に決まっています。個人の発意によっては決定できない。これはもちろん僕の創見ではありません。クロード・レヴィ＝ストロースがそう言っているのです。レヴィ＝ストロースはそのフィールドワークを通じて、世界中のあらゆる社会集団における親族間の感情は、制度的にあらかじめ決定されているという驚くべき卓見を示しました。

例えば、「父が息子に尊敬される社会」というものがあります。そういう社会においては、父の側に個人的に息子から尊敬されるような人格的実質がなくても、息子が父に対して恭《うやうや》しくふるまうことが制度的に決められている。父親に対して敬意を示さないと社会的制裁を受ける。

「夫婦仲がよい社会」というものがあって（そういう社会があるんです！）、そういう社会では、別に夫婦がとりわけ愛情深い関係にあるわけではなく、そのようにふるまうことを制度的に強制されているので、人前ではべたべたしなければならない。親族に対して、どういう態度で臨むかは社会的な決めごとであって、個人が自分の意志で決定することができない。

日本の場合、戦前の社会では息子たちは父親に「敬意と疎遠」の感情を抱き、母親に

「控えめな親しみ」の感情を抱いていました。そういうルールで家族ゲームをやっていたということです。そして、戦後の社会では、娘たちが母親には「愛着と嫌悪」の入りまじった感情を抱き、父親に対しては「無関心」という態度を取るようになった。人間が変わったわけではありません。「どの親族に対してはどのようにふるまうべきか」を定めたルールが変わったのです。

ただ、息子と娘では、親に対する「取るべき態度」のかたちがまるで違います。

息子の場合は、母親に対しても父親に対しても「このようにふるまうべし」という強い社会的規範が今の日本社会にはもう存在しません。昔なら、父親が不在のときには長子が「父親代わり」となるという役割分担が決まっていましたから、男子は小さい頃から「父親に代わって家族を統御する」訓練をさせられていました。中身の成熟具合はどうであれ、とにかく「大人のようにふるまう」心得だけは学ぶ必要があった。

でも、今の日本の男子には、そのような成熟化圧はもうかかっていません。だって、男の子はどうふるまっても、いずれは「家族の誰からも関心を持たれない父親」というものになる以外に選択肢がないんですから、成熟する意欲が失われるのは当然です。気の毒ですけれど。

父親は基本的にもう家族のメンバーに対して指南力を持っていませんし、息子は「父親に準じる存在」ですから、影が薄いという点では五十歩百歩です。もう男性は「ホームドラマ」の主役を張れるような格ではないのです。実際に、今作られているテレビのホームドラマのほとんどは「母親と娘の葛藤」を描いています。まれに「父親と息子の対立」とか「母親と息子の対立」というような物語があっても、それは挿話的なもの（言い換えれば「異常な事件」）に過ぎません。日常的な家族関係において縦糸を構成しているのは「母親と娘の葛藤」です。女性たちの間の「パワーゲーム」が、現代において最も人々を惹きつけるドラマ素材です。

現代日本の家庭で、母親は娘の上に強い支配力を行使しています。娘はあるときは母親に過剰に迎合し、あるときは過剰に反発する。迎合して傷つき、反発してまた傷つく。娘が母親に傷つけられないためには、完全な「母子癒着」を演じてみせるか、「母親の声の聞こえないところ」にまで逃げ出すか、二者択一しかありません。

なぜ、現代日本社会では、母親―娘ラインがこれほど操作のむずかしいものになったのか、どのような歴史的理由でそういうことになったのか、この関係はこれからどう変化するのか。こういった問いについて主題的に研究したものがあるのかどうか僕は知りません。

たぶんまだ本格的な研究は出てきてないのではないかと思います。

　というのは、女性の社会学者や心理学者が、この主題を研究するのにいちばん適しているのですが、彼女たちの場合、そもそも大学の教師というような知的職業を選んだこと自体、「母親の抑圧の効果」である可能性が高いからです。だとすれば、母子関係研究を始める前に、まず「自分はなぜこのような知的職業を選択したのか？」「この職業選択に母親の意思はどの程度関与しているのか？」についての冷静な自己分析が必要になる。それだけでもおおごとです。

　では、男性研究者が適任かといえば、ぜんぜんそうではありません。男子は男子で、小さい頃から母と娘の親密な関係からは仲間はずれにされてきている。そこは男子にとっては理解不能の「禁域」ですから、手も足も出ない。観察する機会も、自分の下した分析を検証する機会も与えられていない（あなたのまわりに「これまで自分の見聞してきた母親と娘の困難な関係について客観的に記述し、それについて論じ合うことを得意とする男性」が一人でもいますか？）。

　現に、母と娘の複雑な関係について、冷静な観察に基づく、深い知見を語った男性作家というものを僕たちはほとんど知りません。父と息子の葛藤を描いた小説なら、『暗夜行路』から『カラマーゾフの兄弟』まで枚挙に暇がないほど存在するのに。ふつうこういうむずかしい問題はまず文学がその対象として攻略し、その後に学術研究が続くという順番で話が進むものです。

母娘問題もたぶんそういう順番で深化させられてゆくことになるのでしょう。でも、その話は後回しにします。

難物である母娘関係はとりあえず脇に置いて、それよりはずっと分析しやすい「現代家庭における父子関係」から見てゆくことにしましょう。

家族の誰からも愛されない父親

父子関係は間違いなく弱くなっている。これは異論のある方はいないと思います。息子であれ、娘であれ、父親とは強いつながりを持つことができなくなっている。子供が父親から、ある種の経験知や伝統技芸や宗教儀礼や集団的習俗について「父子相伝を受ける」ということがもうなくなった。

でも、先ほどから申し上げているように、これは個人的な資質とは何の関係もありません。社会制度がそう命じているのです。そして、僕はこれを過去半世紀ほどの反家父長制(anti-paternalism)という全世界的な趨勢の帰結であると考えています。

かつて「家父長制を打破せよ」という政治的流れがありました。「父親たちは退場しろ」ということが一九五〇年代から世界中で、あらゆる領域で、声高に叫ばれた。その結果、ほんとうに父親たちの親族内部的な権威が瓦解してしまったのです。

この反家父長制の悲喜劇的なところは、「オヤジを殴り殺せ(Strike the father dead)」とか「三十歳過ぎたやつを信じるな(Don't trust over thirty)」とかいうスローガンをうれしげに掲げていた少年たちも、気がつくと中年のオヤジになってしまっていたということです。

自分自身若い頃に、「大人の男というのはろくなものじゃない」ということをやかましく言い立てていたわけですから、いざ自分がその年回りになってしまうと、どうしていいかわからない。これは困った。今さら分別ありげに「いいから黙って大人の言うことを聴け」というようなことは言い出せない。そんなことを言ったら、若いときに自分が言っていたことが間違いだったと認めることになる。それだけはできない。

それならいっそ、現に自分が「ろくでもないオヤジ」であることを満天下に誇示するほうがいい。少なくとも、それなら若いときの自分の言葉が正しかったことだけは立証されるからです。奇妙な話ですけれど、そういうものなんです。

「大人なんか信用するな」と言ってきた若者は、大人になったときに「若者に信用されないような人間」になる。そうしないと、話のつじつまが合わない。「金持ちはみんなケチだ」と金持ちを罵倒してきた人は、何かのはずみでお金持ちになったときに守銭奴になる。そうしないと、自分が間違っていたことになるから。そういうものです。

ですから、「父権制を倒せ」と言ってきた世代（情けないことに、僕たちの世代です）は年を取るにつれて、「まともなおとな」になる代わりに、進んで「倒されるべき父親」をめざして自己造形するようになった。まわりから「あんなやつははやく退場してほしい」と言われるような人間になるように刻苦勉励することになる。ほんとうのことです。

たぶん、それと同じことが全世界の先進国で起きていたんだと思います。アメリカでも、フランスでも、イギリスでも。中国やインドでも事情はあまり変わらないと思います。「おとなになり損なう」ということが、僕たちの世代においては世代的義務として観念されていた。

ハリウッド映画を観るとわかります。ハリウッド映画に出てくる父親たちって、だいたいみんな「子供」なんです。顔はしわしわで、頭は禿げでも、中身は「中二」です。だから、子供に尊敬されていないし、親しみも示されない。なんとかして子供から愛されようとじたばたするのだけれど、焦れば焦るほど思いが空転して、嫌われる。そんな父親ばかり映画には出てきます。

『ダイ・ハード』シリーズのブルース・ウィリスがその代表です。彼は徹底していますよ。妻に嫌われ、娘に嫌われ、息子に嫌われているんですから。毎回、ジョン・マクレーン刑事の超人的な活躍で妻も娘も息子も危地から救われるのですけれど、次回作の冒頭では、たいてい前作で命を救ったはずの家族から「話もしたくない」というようなつっけんどんな挨拶をされる。毎回そうなんです。たぶん、その間の（映画になっていない）時期に、「お前の命を救ってやったのは誰だ？」みたいな恩着せがましい発言をあまりに繰り返したせいで、いっときはあった父への感謝の気持ちも損なわれてしまったのでしょう。

『96時間』のリーアム・ニーソンも、命を救ってあげた娘に、続編ではしっかり嫌われてました。クリント・イーストウッドも、父子家庭で子供に冷たくあしらわれる孤独な父親という役を、繰り返し演じています（『目撃』でも『グラン・トリノ』でも最新作の『人生の特等席』でも）。たぶんそれがアメリカの男たちから熱い共感を得られる役どころだということを、彼はクレバーなフィルムメイカーとして熟知しているのでしょう。

「家族から愛されない父親」像の執拗なまでの反復は、偶然のものとは思われません。おそらく制度がそれを要求しているのです。僕はそう考えます。「子供に愛されない父親になる」ことによって、彼らは父権制を解体するというティーンエイジャーのときの誓言《せいげん》を実現してみせたのです。

でも、これは主体的に選び取られたことではありません。世界中が、相前後して、そういう家族関係を選び取るようになったのですから、歴史的趨勢と言うほかない。父権制的権威はそんなふうにして地を掃《はら》ってしまいました。構造的に家父長の権威は地に落ちたのです。全世界的に。

「圧倒的な支配力を持つ母親」の誕生

昔の家父長的システムだと、男子はたとえ人間的に未成熟であっても、ぼんくらであっても、家父長の裃《かみしも》を着ていばっていると、それなりに機能した。何かしゃべっても、それが偉そうに聞こえた。それを「あんた、偉そうにしているけれど、人間としての正味のところはどうなんだ。偉そうにできるほどの中身があるのか」と問い詰めたら、父親は押し黙ってしまい、家父長制はあっさりとわずか一世代で瓦解してしまった。

僕たちの世代は、父権制を解体する過程で、父親たちに「尊敬されたければ、人間としての実力でわれわれを圧倒してみろ」と要求したわけです。気の毒なことをしたものです。当然ながら、ほとんどの父親は、子供の側からの「人間的スケールにおいて、見識の高さにおいて、経験知の深みにおいて、子供を圧倒してみせろ」という要求に応えることができませんでした。それに対して「ざまあみろ」と僕らは言ったわけです。

でもそのときに、それが天に向かって唾を吐くことだとは気がつかなかった。吐いた唾がいずれ時間差を置いて自分たちの顔にかかってくることを想像しなかった。頭悪いです。そして、果たして自分が父親の立場になってみたら、家父長としての権威を内容的に備えている男なんか、どこにもいやしないということがしみじみわかった。

昔だったら、それなりに立派な家父長としてのつとめを果たせたであろう男たちが、今は妻や娘から「うざいから、あっち行ってよ」とか、「臭い」とか言われて、悄然としている。でも、これは我々が選んだことで、まさにこういう世の中を作ろうとめざして営々たる努力の末に作り上げたものなのですから、文句の持って行きようがない。

いや、ほんとうは文句の持って行きようはあるんです。世界中で、同時並行的に「父親の権威喪失」がシステマティックに進行したということは、それが個人の発意とは無関係の、歴史的趨勢だったということを意味するからです。僕たちが「父親の権威が失墜するように、営々と努力をした」のは自己決定したことではなく、そうするように仕向けられたからです。

何が僕たちをそのような（明らかに長期的には自分自身にとって不利な）ふるまいをするように強いたのか。これは一言で言えば「資本主義経済システムの要請」ということになるでしょう。もっと平たく言えば「マーケットの要請」です。でも、この話は大ネタなので、ここでは扱いません。あとで、別のトピックについて論じるとき（たぶん「消費者マインド」とは何かという話をするときに）、触れる機会があるだろうと思います。

とにかく、さまざまな個人の努力や決断によってはどうこうできないレベルで、「家父長制の瓦解」というシナリオは決定されました。そして、先ほど話したことですけれど、家父長制が解体したことで、家庭内における母親の発言権と決定力が相対的に高まることになりました。

まあ、ことの流れからして、そうだろうとどなたも思うことでしょう。自然過程なんだからしかたないんじゃないの、と。

でも、ここに大きな問題があります。それは「圧倒的な支配力を持つ父親と子供はどう向き合うか、どう対決するか、どうやってその支配から逃れるか」という問題についてなら、人類は（文学をはじめとして）膨大な経験知を蓄積してきているのですが、「圧倒的な支配力を持つ母親と子供はどう向き合えばいいのか」については、人類はまだ十分な経験知を持っていないということです。

「母親による支配」が家族と日本を閉塞させている

具体的な例から入りましょう。

子供たちの進路決定について、最終決定権を母親が握っているというケースが増えてきています。父親が「子供の好きなようにさせてやればいいじゃないか」と気弱な提言をして、母親が進学先や就職先について断固たる意見を述べる、ということが増えています。これは大学で学生と保護者たちの両方を見てきて、そう思います。

昔は逆でした。子供のわりと夢みがちな要望を汲み上げる役は、母親が引き受けていた。「アーティストになりたい」とか「映画監督になりたい」とかいう子供っぽい夢を、父親は頭ごなしに「世間知らずが何を言うか！」と一喝し、それに対して母親のほうが「本人がやりたいって言ってるんですから、やらせてあげたらいいじゃないですか」とぐずぐずと取りなすというのが、わりと基本的なパターンでした。父親には子供の欲望を汲み上げる力がなく、子供の欲望を正しく見当てるのは母親の役割だった。ですから、子供が本音を告白するのはもっぱら母親に対してであって、父親は母親経由で子供の欲望を間接的に知らされるというのがふつうでした。

それが、今の日本の家庭では逆転しています。逆転というのも正確ではないですね。母親がかつての父親と母親の両方の役割を兼務していて、父親は子供の欲望とその実現について、ほとんど関与させてもらえないからです。こと子供の欲望に関しては、母親だけがプレイヤーです。

かつての父権制家族では、「子供の欲望を知っている」母親には、子供の運命を決定する権利がなく、「子供の欲望を知らない」父親が、子供の人生の決定権を持っていました。でも、今は違う。

母親は子供の欲望を熟知している。子供の弱さも、脆さも、身勝手さも、せこさも、卑しさも、全部知っている。子供の身の程知らずの自己評価も、うぬぼれも、不安も、全部知っている。少なくとも知っているつもりでいる。その母親が、子供の進路選択において決定権を持っているのです。

これは父権制家族において、家父長が持っていた権限とは質が違います。かつての家父長は子供の運命を左右する権利はあったけれど、自分の子供が何ものであるかについてはよく知らなかった。だから、家父長が子供に与える「かくあるべし」という指示は、システマティックにとんちんかんなものになった。家父長とは、子供に構造的に「誤った指示」を与えるもののことだったのです。だから、息子たちも娘たちも、自分の欲望の実現を家父長に阻まれたときには、ため息をついて「まったくオヤジは何にもわかっちゃいないんだから……」とお互いの身の不運を嘆き合うことができました。どの家の父親も、程度の差はあれ、子供に対して、明らかに「ずれた」評価を下し、それに基づいて「的外れ」な指示を下していたからです。

でも、母親が子供について決定権を持っている現代家庭では、もうその「嘆き合い」が成立しません。だって、母親は子供のことを、子供自身以上に「知っている」からです。少なくとも、そういう話になっている。母親が子供に対して下す指示は（それが進学であっても、就職であっても、結婚であっても）、わが子についての適切な能力評価・適性評価に基づいてなされているという話になっている。

これは近代家族制度が発足してからはじめての事態です。「親は子供を適切に評価しており、それに基づいて子供の生き方を決定している」という物語が社会的合意を得たことなんか、過去に一度もなかったんですから。

繰り返し言いますけれど、父権制社会では家父長は、子供の生き方について強い支配力を行使できましたが、家父長の子供に対する評価は、システマティックに間違っていた。そして、そのことはみんな知っていました。子供たちには家父長の判定に逆らう権利はなかったけれど、その判定が「誤った考課」に基づいて下されているということについては、広範な社会的合意が存在した。

今は違います。「母親の子供に対する評価は正しい」ということについての社会的合意が成立している。だから、「適切な考課」に基づいて母親が子供に向ける指示に、子供たちは反論することができない。

「僕はお母さんが思っているような人間じゃないよ」という泣訴《きゅうそ》は、「私はあなた以上にあなたのことを知っている」と自信をもって断言する母親によって一蹴されます。「あなたが『自分がほんとうにしたいこと』だと思っているのは、どこかで仕込んできたり、他人から吹き込まれたりした妄想に過ぎない。私は『あなたがほんとうにすべきこと（でも、あなた自身はそれにまだ気づいていない）』を知っている」と母は言います。子供自身の「おのれについての知」より、母の「子供についての知」のほうが正確であり、かつ客観的であると、母たちはきっぱりと断言します。

子供たちはこれにどうしても反論することができません。だって、母の言い分はかなりの程度までその通りだからです。「オレはミュージシャンになる」とか「私はファッションデザイナーになる」とかいう子供たちの未来像のほとんどは、母が看破した通り「どこかで仕込んできたり、他人から吹き込まれたりした妄想」だからです。子供たち自身、ちょっと「誰かの真似してるのかな……」と微妙に不安に思っている「夢」について、ずばりと「どうせどこかで吹き込まれてきたんでしょ」と言い切られると、子供はがくりと膝が砕ける。子供はこの「母の断言」の前に、絶句するしかありません。そして、自分の未来について母親は、自分以上に的確な予測を持っているのではないかと思い始める。

この母親による子供の支配は、ボディブローのようにじわじわと効いてきます。それが日本社会に蔓延するある種の閉塞感を作り出しているということを、指摘する人はあまりいません。僕だって、そんなことを言ったら、世の母親たちをまるごと敵に回すようなものですから、うかつなことは言いたくないんですけれど、それでも、一応言わせて頂きます。

母親の育児戦略は「弱者デフォルト」

母親の子供評の基本文型は、「所詮、あなたは自分で思っているほどの器の人間じゃないんだから、高望みしちゃダメよ」というものです。「あなたは才能豊かで、私の尺度では測りきれないほどのスケールの人間なので、あなたがやりたいことをやるのが、あなたにとっても世界にとってもベストの選択だと思います」と子供を励ます母親というものを、僕は一度も見たことがありません。一度も。

「あなたは凡庸な人間なのだ」と言われると誰でも腹が立ちますけれど、だからといって、それに対してきっぱりと「いや、私は例外的な天才である」と反論できる人間はまずいません。できるのはせいぜい「いや、僕にもちょっと人と違うところがあるように思うんだけど……」というような弱気な抵抗だけです。それだって、「そういうのは『人と違うところ』というのじゃなくて、『変態』とか『逸脱』とかいうの。そんなもの、人前で自慢することじゃありません」とぴしりと畳み込まれたら「ぐぅ」の音も出ません。

「いや、でも、うちの母親は、子供の頃から私を学習塾だのピアノのレッスンだの水泳教室だの英語塾だのに追い立てるように通わせて、『エリート』教育してましたけど……」

と怪訝な顔をされた方がいると思いますけれど、それは違うんです。

あのですね、それこそが「うちの子は凡庸だ」という考課のもたらす当然の結論なんです。うちの子には人に抜きん出た取り柄がないと思っているからこそ、鞭打つように勉強させたり、お稽古ごとさせたりするんです。子供の中に、親の予測を超えるようなスケールの才能が潜在していると思っていたら、それが豊かに開花するまで放っておきますよ。親にだってどんな才能なんだかまだわからないんですから。子供にほんとうに才能があると思ったら、子供をじっと観察するだけで、何かを急いでさせるなんてことはしません。

よく聴いてくださいね。英語だの水泳だのピアノだのを習わせる親は、自分の子供には人に抜きん出た才能がないということを前提にしているんです。だから、「誰でもやっていること」をさせる。自分の子供が「誰でもできることができない」という状態になることを想像すると不安になる。この不安は、母親にとっては想像を絶してリアルなんです。自分の子供だけが「誰でもできること」ができない例外的な劣等者ではないかという不安は、母親に深く突き刺さるのです。そうなんです。

でも、それは考えてみれば、当たり前のことです。「わが子は弱い」というのは、自分の体内に一〇カ月、子供をみごもっていた女性にとっての生物的な直感だからです。母のわずかな不注意で子供は流産するかもしれない。強い衝撃を与えたり、興奮したり、毒性の強い食べ物を口にしたりしたら、子供は死んでしまう。その不安と緊張を一〇カ月維持してきたんです。

生まれたあとだってそうです。ずっと細心の注意を払って子供の成長を見守ってきたんです。うちの子供はタフだから、その辺を転げ回っていても大丈夫よ、せいぜい腕の二、三本も折るくらいでしょ、とけらけら笑える母親というのはまずいません。

「私の子供は弱い」というのは、すべての母親の子供に対する基本的な評価です。同年齢の集団の中でも際立って弱いのではないか、何かあったときに群れから遅れ、取り残されるのではないかという不安を、母親はつねに子供に対して持っています。持っているのが自然なのです。生物学的にはそうじゃないと困るんです。ですから、母親の育児戦略は、「弱者デフォルト」なものになります。「群れと共にあれ」です。

「群れと共にあれ」、これが母親の育児戦略です。

たしかに、戦闘力の低い草食動物が身を守るためには、群れと共にあるのがいちばん有効です。ライオンが襲ってきても、運悪く食われるのはふつうは一頭だけです。一頭食えば、満腹になってしばらくは襲ってこない。ですから、一〇頭の群れにいれば、食われる確率は一〇パーセント。一〇〇頭の群れにいれば一パーセント。一〇〇〇頭の群れにいれば〇・一パーセント。

母親は子供の安全についてそういう計算を立てます。できるだけ構成員数の多い集団に入り、まわりの真似をして、個体識別できないようにふるまいなさい。大きな群れに入って、そこで決して悪目立ちしないこと。それが母親の育児戦略の基本方針です。

母親の「父親兼任」がもたらすきつさ

父親の育児戦略はそれとは違います。父親は無根拠に、自分の子供は「どこかしら人に抜きん出たところがある」と思っています。なぜか知らないけれど、際立った才能がどこかの分野にあるに違いないと思っている。なんでか知らないけど、とにかくそうなんです。ですから、「目立たないようにふるまう」ことがいいなんて思いもしません。できるだけ目立ってほしいと思っている。容貌でも、成績でも、スポーツでも、他の特技でも、なんでもいい。同年齢集団の相対的な優劣の競争で「勝つ」ことに意味があると父親は思っている。

子供の学校の成績が悪いと、「こんなはずではない」と激怒するのは父親で、「どうせこの子のことだから、この程度だろうと思っていた」と涼しい顔をしているのは母親。そういう任務分担が昔はありました。父親と母親が育児について均等にコミットしていた時代には。

そういうふうに親の育児戦略が違い、子供の潜在可能性についての評価がずれていると、子供のほうにも「立つ瀬」があります。親の言い分、親の期待がそれぞれに違うわけですから、そこに一種の「非武装中立地帯（no man's land）」ができる。父と母の二つの力が干渉し合って、相殺されて、ゼロになる場所がある。そういう「息のつける隙間」で子供は成長したのです。葛藤のうちで成長したと言ってもいい。あるいは、そういう場所を子供に提供するために、両親は育児戦略をわざとずらしていたのかもしれません。

でも、今は違います。子供がそこでなら親の干渉を受けることなく息がつけるという「非武装中立地帯」はどんどん狭まっています。母親が父親との二役を一人で兼任するようになれば、もうそれさえなくなってしまいます。母親は子供が不出来であると、「こんなはずではない」と父親のように怒り、同時に母親として「どうせあなたはその程度の人間なのだ」と冷たく言い放つ。（母として）子供の弱さ、能力の低さ、愚かさ、未熟さを子供以上に正確に見抜き、「あなたはこういう人間である」と反論できないくらいにぴしりと決めつけながら、同時に（父として）「あなたはこういう人間であってはならない」と叱りつける。子供はいわば床に足を釘付けにされながら、「跳び上がれ」と命じられているようなことになります。これは心理的にはかなりきつい状況です。

こういう状況のことを、グレゴリー・ベイトソンは「ダブルバインド」と呼びました。命令に従えば罰せられ、命令に従わなくても罰せられる。

こういう環境に長く置かれると、子供は成長することがむずかしくなる。母親と対決して、母親をきっちりと論破して、堂々と胸を張って家を出て自立するということは、まずできません。できるのはせいぜい母親の呪縛から「逃げ出す」ことだけです。あとも見ずに逃げ出す。さいわいなことに、母親は自分の「巣穴」からあまり遠くまでは子供を追いません（だからこそ、子供を自分の家の近くに住まわせようとするのです）。空間的に遠くに逃げれば、母親の圧倒的な支配力から身をふりほどくことはできる。ときどきの長電話で肺腑《はいふ》を抉《えぐ》られるようなことを言われるくらいのことは耐えなければなりません。

母親の支配下からどう逃れるか。高橋源一郎さんとこの間話したときに、それが現代文学のホットなテーマになっているという説を伺いました。

二〇一二年の際立った文学的成果として高橋さんが挙げたのが、水村美苗『母の遺産』、赤坂真理『東京プリズン』、鹿島田真希『冥土めぐり』の三冊だったのですが、これがどれも母親の娘に対する強大な支配力が主題になっていた。

この三冊を論じたのは斎藤美奈子さんとの合評会だったそうですけれど、そのときに「この中で父親って、どうなっていたんだっけ?」と高橋さんが聞いたら、とっさには斎藤さんも答えられなかったそうです。父親たちは、たしかにそれぞれの小説の中に出てきたはずなのだけれど、どこか遠くにいるのか、死んでしまったのか、それが思い出せない。ごく最近読んだばかりの小説なのに、父親のことだけ思い出せない。それほど印象が薄い。

それが三つの作品に共通することだということになると、これはやはり作家の個人的な作風とか工夫とかではなくて、制度的にそうなっていると考えたほうがいい。

父親は存在感がなくて、母親が強い支配力を行使し、娘はそれに抗《あらが》うために必死に工夫をする（息子は未成熟なまま加齢してゆく……）。ここにどうも現代日本文学でいちばんホットな文学的素材がひそんでいるようです。

今挙げた三作品の中から、この論を締めくくるにふさわしい印象深いフレーズを一つ引いて、親子論の筆を擱《お》くことにします。『冥土めぐり』の冒頭近く、主人公が家族でホテルに行ったときを回想する場面です。

「父親は、どうしていたのだろう、チェックインの手続きでもしていたのかもしれない。とにかく印象が薄い。だが母親と自分たち二人の子供はいつも父親が存在していないかのように振る舞うところがあった。みんな父親には無関心で、常に無視して、それが当然だと思っていた。」(鹿島田真希、『冥土めぐり』、河出書房新社、二〇一二年、9－10頁)

たぶん、このフレーズは現代文学のどの作品にさりげなく挿入しても、違和感のないものではないかと思います。そういう時代なんです。

エビデンスが重要

第二講

拡大家族論

「母親」という仕事はほんとうに楽しかった

——内田さんは、男手ひとつでお子さんを育てられたそうですね。

内田　子供が六歳から十八歳までの一二年間ですけれど、離婚したあと娘を引き取って、彼女が十八歳になって家を出るまで、父子家庭でした。

でも、「父子家庭」という言い方はほんとうは不正確であって、実は「母子家庭」なんです。父子家庭って、ありえないんですよ。男親でもお母さん役をやるしかないわけですから。栄養のバランスを考えて朝晩の献立を考えて、ぱりっと乾いた服を着せて、干した布団に寝かせるという、子供の最低限の生理的欲求を満たしてあげる。朝起こして、学校に送り出して、帰って来るとご飯食べさせて、お風呂に入れて、寝かせてという、判で捺したようなルーティンを毎日毎日明けても暮れてもやるわけです。それだけでもう一日が終わってしまう。

お母さんには子育てのためにはかなりの量の労働があるわけですけれど、お父さんは家の中では別にすることがないんですよ。もし、僕が家事を全部アウトソーシングして、子供の身のまわりのことをメイドさんを雇ってやってもらっていたら、僕の父親としての仕事って、実は何もなかったと思います。せいぜい「どうだ、最近、勉強はしているか」とか説教するくらいで。でも、そんなこと子供に言ってもしようがない。子供だって「ふん」と鼻を鳴らすだけでしょう。

子供に「今日、何食べたいの？」とか、「一緒に服買いに行こうか」とか、「早く寝なさい」とかいうのは、それに比べるとはるかに本質的な会話なんです。きちんとこちらの言いたいことを相手に伝えて、相手が言いたいことをきちんと聴き取らないと、コミュニケーションが成り立たない。だから、母子関係のほうが父子関係より親密になるのは当然なんですよ。

その親密な関係を、ふつうなら母親が独占するわけですけれど、離婚して子供を引き取ったおかげで、僕がその仕事を引き受けることになった。やってみてわかったのは、結果的には、母親の仕事というのはすごく楽しいということでした。母はいいな、羨ましいなと思いました。

今の日本の標準的な家庭では、お父さんはもう、いてもいなくてもいいんです。はっきり言って、家族を扶養するためにお金を運んでくる人に過ぎないわけですから。単身赴任でどこかにいっていても、家族には特に支障はない。だって、父親には家の中でする仕事がないんですから。父親がいないと始まらないことって、家の中にはほんとうに何もないんです。

――「亭主元気で留守がいい」というコマーシャルがありましたね。

内田 「父親はできれば家に帰って来ないでほしい」と思われている家って、相当たくさんあるんじゃないでしょうか。その無言の圧力を感じるからこそ、男たちはますます家に帰りたくなくなる。だって、家に帰っても、いるところがないんですから。うっかり六時、七時に帰ったりすると、家族全員が「ええっ!」という感じになって、「なんで?」と怪訝なまなざしを向けられる。

賢い男は「家族内序列二位」を選ぶ

――では、お父さんはどうしていけばいいんでしょうかね。八方ふさがりのように見えますが。

内田 どうしたらいいんでしょうね。むずかしいですね。

一つは、お母さんをアシストする立場に徹するということでしょうね。家事の分担を引き受ける。

今、一生懸命に育児をやったり、ご飯を作ったりする若い人が増えていますが、あれは、この家庭内における父親のプレゼンスの低下という現実に対する、一つの対応策だと思います。もう「父親である」というだけでは、家庭内に地位を維持することができない。だったら、せめて「お母さんのアシスタント」として便利に使ってもらったほうが、まだしも居場所がある。母がボスで、父が助手で、「ちょっと、ここ拭いといて」「はい」みたいな感じでやっていたら、家庭内では「なかなか使えるやつだ」という評価を得ることができます。

いや、ほんとにそうなんですよ。お金は稼いでくるけれど家事をしない男よりは、稼ぎが悪くても、おむつを洗ったり、おしめを替えたりとか、ご飯食べさせたり、保育園の送り迎えをするとかいう、具体的な家事労働を軽減してくれる男のほうが、家庭内的にはずっと有用な存在なんですから。そのほうが妻からも子供からも頼られるし、家庭内に一応の居場所を確保できる。だから、「お母さんの助手に採用してもらう」というのが、実践的にはいちばん効果のある方法だと思いますね。

――実際に、そのケースがあると思いますね。

内田 ただし、そのとき男は、もう妻にとってのイーブン・パートナーではなくて、母親のアシスタント、「手下」という身分になるわけですけれどもね。

――家庭内の序列が……。

内田 家庭内序列でボスはお母さんで、お父さんはその手下だということを、家族全員が認知しなければいけない。

――序列に入れてもらうということですね。

内田 そうですね。ナンバーツーで入れてもらう。

――それができない（笑）。

内田 やらなきゃダメですよ。賢い男たちは、その道をもう選んでいると思いますよ。だって、それしかないんですから。ナンバーツーでも、家の中に居場所がないよりましですよ。

――いざというときの、父親の一喝というのは。

内田 そんなのあるわけないでしょう（笑）。

――ほんとにないんだなというのが、いろいろな方を取材してみて実感しました。

内田　当然ですよ。父の一喝というのは、「父親の一喝には最終的な決定権がある」ということについての社会的合意があってはじめて効くわけであって、合意がない社会ではただのヒステリックな叫び声でしかない。今の父親で、正味の人間的迫力だけで子供たちをぴしっと威圧できる人なんかいませんよ。

父親に対して子供たちがある程度敬意を以て接しているのは、世襲で会社をやっているところとか、歌舞伎役者とか、政治家とか、ある種の「家業」を親子で継承している場合くらいでしょう。そういうところには、家父長制がまだかろうじて生き残っている。そういうところでは、父親がボスだという「話」になっている。家族メンバーにとっての主要な関心事が、家事労働じゃなくて、「家業」なんですから。

だって、家族全員が父親の「勤め先の会社の話」をわがことのように耳を澄まして聴く家庭って、もうないでしょう。取り引き先のどこそこがつぶれかけているとか、同僚の誰それは不倫しているらしいとか、そういう話を父親が茶の間でしても（まあ、しないと思いますけど）、誰も興味を示さない。関係ないから。

でも、ことが「ファミリービジネス」だとすると、家族たちも無関心ではいられない。取り引き先がつぶれたら、いきなり明日からの生活に差し障りますからね。

家業に参加しているなら、子供はボスである親に対しては敬語を使わなければいけない。親方と弟子とか、師匠と弟子とか、政治家の先生と秘書とか、そういう日常生活と家業が不可分になっているところでは、まだ父親を頂点にするヒエラルヒーがかろうじて存在していると思います。そういうところなら、「父の一喝」も効くでしょう。でも、それはその人が個人的に偉い男だからではなくて、ビジネスとファミリーが癒着した、家庭内手工業的なシステムの中だからです。

――父親になるのが、怖くなってきます。

内田　そうでしょうね。今の日本で父親になるというのは、かなり決意の要る選択だと思いますよ。

だから、離婚するケースが多いんです。きちんと養育費を仕送りしてくれるなら、「使えない男」と一緒にいるよりも、母子家庭のほうがある意味楽ですから。家庭内に自分の居場所がないせいで不機嫌になっている男がいたら、そのほうが不愉快じゃないですか。そんな幼児的な男のエゴをなでてやる手間に比べたら、お金がないとか、家事労働の人手が足りないとかいう具体的な問題に直面するほうがまだましですよ。お金や人手の問題は具体的であるだけに解決可能ですけれど、幼児的な男の不機嫌をなだめるという仕事は、彼が人間的に成長するのを待つ以外にないわけで、事実上エンドレスです。

でも、今の五十代六十代の男たちを見ていると、男たちは年を取ったからといって、人間的に成熟するわけじゃないことはよくわかる。だったら、そんな不毛な仕事で人生をすり減らすよりは、離婚して母子家庭で暮らしたほうが気が楽だというのは、かなり合理的な選択だと思いますよ。

ですから、まことに悲観的なことを申し上げますけれど、いまの日本の家庭で、父親がある程度の威信を保ち、家族に敬意と愛情を以て接してもらえるということは、絶望的に困難な事業になりつつあるということです。もう個人的な努力で解決できることではなくなっているんです。

「コンビニの店員」化する教師たち

――父親の存在感が希薄になって、母親の一元支配になると、「子供には呼吸する隙間がなくなる」という話が前に出ましたけれど、特に中高生の子供はそうだと思います。家庭にそういう隙間がないのなら、やはり一日の約半分を過ごす学校というところに居場所を求めるようになってくると思いますが、最近は、学校でも……。

内田　学校もダメですね。学校の先生は、かつては父親の代理物になれました。子供にとっては父親と同じくらいの権威者でしたから。でも、今、学校の先生は、父親ともども、その権威を丸裸に剝ぎ取られてしまった。政治家と文科省と教育委員会とメディアと保護者が総がかりで、学校教育における父権制的な要素を全部除去してしまった。もう誰も教師に自然な敬意を向けない。

学校はただ教育商品、教育サービスを売る店舗のようなものになり果てました。だから、子供にしてみたら、学校の先生とコンビニの店員の間に本質的な差異はないんです。ものは違うけれど、どちらも「商品」を売っているだけなんですから。

だから、子供は消費者として当然のことをする。それは最低の代価で商品を手に入れるということです。お店でものを買う場合の代価は貨幣ですけれど、学校で教育商品を買う場合の代価は「学習努力」です。チャイムが鳴ったら席に着く、先生が来たら礼をする、授業が始まったら黙って聴く、言われた宿題をやってくる、教師に敬語を使う……そういったことが全部「学習努力」にカウントされる。

でも、消費者マインドを内面化してしまった子供たちは、学習努力を最少化することが消費者としての義務だと信じている。だから、できるだけ授業中に騒ぐ、教師の指示に従わない、校則を破る、級友の学習を妨害する……そういうことに励むわけです。そうやって学習努力を減らせば減らすほど、卒業証書に対して彼らが支払った代価は少ないものになるから。学習努力ゼロで学校を卒業できた子供が、いちばん賢い消費者だったということになる。

別に昔の先生が偉かったのではないんです。昔は「先生というのは偉いものだ」という幻想に対して、集団的な合意があった。それだけのことです。「そういうルールでやろう」という話になっていた。だから、かなり人間的に問題のある人でも、教師である限り、生徒も保護者もそれなりの敬意を以て接していた。その結果として、学校が教育的に機能したわけです。

先生たち一人ひとりについて、「あんたにほんとうに教育力があるのか、人間的な見識があるのか、人に『先生』と呼ばれるだけのアドバンテージがあるのか」と切り立てたら、そんな力を備えた教師なんか昔も今もほとんどいません。

でも、「ほんとうに教育力がある人間以外は教壇に立つべきではない」というルールを採用したら、学校教育は成り立たないんです。ほとんどの先生は、昔も今も不適格教員なんです。だから、まさに今の日本がそうであるように、「教員はほとんど全員が不適格なのに、不当にその地位を得ている。だから、教員たちにはもう誰も敬意を示す必要もないし、給料もできるだけ安くていいし、いくらこき使ってもいいし、労働者としての権利も認めるべきではない」ということになってしまった。

現に、大阪の公教育はそうなっていますね。だから、もう大阪では教員試験の志願者が激減している。そりゃ、そうですよ。そんな仕事にわざわざ就く人はいませんよ。

「フラット化」する「いじめ」

——大人がそういうふうになってきている状況で、子供たちは抑圧もあると思いますが、逆に子供たち同士で傷つけ合う。いじめなんかそうですが、そういうことも大人たちの変化が影響しているわけですか。

内田　そうですね。子供たちの間でも、父権制的なピラミッド構造がもう存在しなくなりました。ボスがいて、その取り巻きがいて、大勢になびかない「すねもの」がいて、道化師的なトリックスターがいて、傍観者がいて、「はぐれもの」がいて……という『ドラえもん』的な安定的な秩序がもう存在しない。全員がほぼ標準化している。

だから、「いじめ」という現象がここまで過激化するんだと思います。『ドラえもん』的世界だったら、加害者はジャイアンひとり、被害者はのび太ひとりですから、クラス全体が「いじめ」現象の渦に巻き込まれるということは起こらない。いじめがジャイアンという個人の行為である限り、そこには彼の「生身の人間」という限界があるからです。

一人の人間にできることは、それが「いじめ」であっても自ずから限度がある。ジャイアンだって、寝なくちゃいけないし、ご飯も食べなくちゃいけないし、宿題だってやらなくちゃいけない。加害者に「生活」があれば、基本的な人間的営みのために彼が時間を割いている間、「いじめ」は停止する。

でも、今の「いじめ」はそういう「生身の限界」がなくなっているんです。それは個人が個人に暴力的に向き合うというものではないから。今の「いじめ」は加害者、被害者、傍観者がひんぱんに交替する仕組みです。「いじめ」のターゲットが何の理由もなく、ある日いきなり別の人間に切り替わる。加害者や傍観者が被害者になり、被害者だったはずの子供がある日加害者や傍観者になる。短期間に加害被害傍観の関係がめまぐるしく入れ替わる。全員がそれぞれの役割を順番に演じている。「いじめ」が「フラット化」しているんです。

――昔は学校の中にガキ大将とか道化役とか、いろいろな子供たちがいたけれども、今はクラスの中が均一化してしまっているというご指摘をされていましたね。

内田 そうです。均質化がほんとうに進んでいる。子供の世界に強い同調圧力がかかっていて、かなり暴力的な仕方で均質化が行われている。少しでも個性的なものが出現してくると、その子がたちまちターゲットになる。抜きん出た人が出てくると、みんなで足を引っ張って、潰していく。全員を標準化しなければならないという強い同調圧力が働いている。

同調化の圧力は、特に公立の中学・高校で強いですね。公立学校では、教師も生徒も「素」の状態で、剝き出しの個人として教室に登場せざるを得ない。誰もが自分以外の何ものをも代表していない。そこでは、自己利益を増大するため「だけ」に教師は労働し、自己利益を増大するため「だけ」に生徒は学習するという話になっている。だから、教師はできるだけ働かないで給料を受け取り、生徒はできるだけ学習しないで卒業するのが「クレバー」だということになる。

実際には、教師も生徒もそんな人間ばかりではありません。教育に個人的情熱を持っている教師はいますし、学習に個人的な意欲を持っている子供もいます。でも、「自分さえよければ、それでいい」という原理が、大気圧のように学校を覆い尽くしている。そんな場所では教育活動は成立しません。

――最近、先生が生徒を怖がる、親が子供を怖がるという傾向がありますが。

内田　先生が子供に対して怖れを感じるのは当然でしょう。だって、今の教師たちって、できるだけ安い代価で、できればただで商品を手に入れようとして店に来るクレーマーたちに接客している店員みたいなものなんですから。生徒も保護者も「ここが壊れている」とか、「ここが汚れている」とか、あれこれ教育「商品」の欠点をあげつらって、どうにかして学習努力を「値引き」する言い訳を探して学校に登場する。たまったものじゃないですよ。

人を傷つけたときの全能感

――大津の事件が象徴的ですが、子供たちもインターネットを使って、表面化しないところで自分の溜まっているものを吐き出しているというイメージがあります。このネット社会の普及も子供たちに影響はかなりありますか。

内田　ありますね。ネットで行き交っている言葉というのは、日常生活で用いられる言語よりもはるかに攻撃的なものになります。日常生活では自分より年上の人間とか、立場が上の人間に向かって、まず面と向かっては言えないような無礼なことでも、ネット上では平然と口に出せる。この全能感がもたらす快楽は大きいですよ。

だから、現実には社会的に非力であればあるほど、この全能感は誘惑的になる。現実では決してできないことができるわけですから。

ネット上でも、人を傷つけたときの「手応え」ってわかるんです。闇夜に向かって銃弾を放っても「手応えがあった」という言い方をしますよね。それと同じです。目に見えなくても、わかる。ネット上であっても、攻撃した相手が感じているはずの痛みや屈辱感はなんとなく感知できる。それは一つの「手柄」としてカウントできる。ふだんなら近寄る機会もない有名人に向かって耳元で「くそオヤジ」とか言えるわけですから。そういう道具が手に入ったら、そりゃ子供は熱中しますよ。

でも、こういう攻撃的な言葉づかいを濫用することで達成される全能感というのは、きわめて危険なものなんです。非力な子供は、自分の思いを現実ではそのまま実現することができない。でも、ネット上ならできる。他人を傷つけるということについては確実に「戦果」を上げられる。すると当然、ネット上の攻撃的人格が選択的に肥大化することになる。そのキャラクターでいるほうが、実際に居心地がいいわけですから。でも、そうやって全能感で肥大化した攻撃的人格に居着いていると、それが現実の人格としだいに乖離《かいり》してくる。ネットに入り込んでいるときと、現実生活では「ほとんど別人」になってしまう。この人格解離という現象は、想像している以上に危険なものだと思います。

いや、誰だって二面性を抱えているじゃないかと言う人がいるかもしれませんけれど、そういう二面性とは違うんです。「がさつだが優しいところもある」とか「謹厳に見えるが巧まざるユーモアがある」とかいうのは、複数の人格要素が同一人物の中に共存しているわけで、これは人間として「奥行きがある」とか「幅がある」というふうに評価される。「清濁併せ呑む」とか「酸いも甘いも嚙み分けた人」というのは、伝統的にプラス価値を賦与されているわけです。

でも、人格解離というのは、そうじゃないんです。人格要素がばらばらになっていて、共存していないんです。だから、複雑な風味を出すということができない。攻撃的な人格と内向的な人格がブレンドして「いい味」になるということはなくて、場面が変わると、いきなり人格交替する。

「逆ギレ」というのは、この人格解離の軽い症状なんじゃないかと僕は思っています。自分に非があると思って相手の非難を黙って聴いていた人間が、いきなり暴力的に反撃に転じる。顔付きが一変する。発声も変わる。ほんとうに豹変する。こういう劇的な人格交替的な現象って、僕が子供の頃は酒乱の人の他にはまず見た記憶がありません。でも、今では若い男女でかなりふつうに観察されるようになった。

もちろん、ネット利用だけが理由だとは思いません。「自分らしさ」とか「かけがえのない個性」とかいうイデオロギーが流布したせいで、複雑な人格を持ちこたえることの重要性も、やり方も、みんな忘れてしまった。でも、それにネットが拍車をかけたことは間違いない。

――そういうことに対して、親も学校も何か対策というのか、大人たちはそういう子供たちにどう対応していけばいいのか……。

内田　対応しようはないです。だって、これはある種の自然過程なんですから。こういう社会を作ろう、人間とはこういうものであることにしようという合意に基づいて、戦後六十何年、営々として努力してきた結果が「これ」なんですから。昨日今日の話じゃないんです。国民的努力の結果、こういうふうになったわけであって。今になって「どうしよう」と言われてもしかたがない。

僕たちが目の前にしているのは、「問題」じゃないんです。「答え」なんです。戦後の国民的努力の成果なんです。だから、「あ、あんなことをしてきたせいで、こんなことになったのか……」とがっくりするというのが、いちばん適切な対応なんです。

その上で、日本人がやってきたことのどこが不適切だったのか、その政策的な吟味に取り組むしかない。巨大な船と同じです。舵を切っても戻すまでに長い時間がかかる。それぐらいの覚悟で取り組むしかない。即効性のある方法を求めても無理です。三〇年かかって壊した制度を修復するためには、やっぱり三〇年かかる。その覚悟がないと。

ヴァーチャルが実で、リアルが虚な人たち

――私が子供の頃は、当然パソコンなんてありませんでしたが、例えば私の娘は、家にいてもパソコンの前に座って、カタカタと何やらキーボードを打っているわけです。

内田　ブログも書いていますか。

――ブログは二、三回で飽きちゃったみたいです。ただ、高校の友だちは全員、フェイスブックやらラインやらをやっている。何か、出発点が違うなというのを感じます。それが、今後どんな変化をしていくのかというのは。

内田　予想はむずかしいですけれども、今の二十五歳くらいから下の世代は、物心がついてから、人とつながる基本形式が、口頭でのおしゃべりや手紙とかではなくて、キーボードですから。キーボード入力がコミュニケーションのデフォルトという人たちが、いったいどういうふうに人間関係を構築していくのか、予測はむずかしいですね。

――子供同士が信頼関係を結ぶということは、非常にむずかしいというイメージを持ってしまいますが、それはネット社会ということも関係していると思いますか。

内田　実際に生身の本人をよく知っていて、その人の顔かたちも、性格も、趣味や家族構成も、だいたい知っているという人とは、ちょっと離れたときでも、ネットでつながっていたいというのは、それほど問題はないと思うんです。でも、生身の人間との身体的な接触の経験がなくて、ただディスプレイ上の文字記号だけでつながっている関係となると、これはかなり脆弱《ぜいじゃく》なものだと思います。

人間って「生もの」ですからね。一日三度ご飯を食べなければいけないし、寝なくちゃいけないし、たまには風呂にも入らなくちゃいけない。根詰めて働けば病気になるし、いろいろと不如意なものであるわけですよ。そういう身体的な制約があるのが人間なんです。

でも、ネット上の人格には身体がない。そういう制約から解放された純粋知性みたいなものが、そこで発言しているわけです。生身の人間だったら、他人に面と向かってあまり攻撃的なことや侮辱的なことは言えない。言ったらいきなり殴られるかもしれませんからね。自分に「身体がある」というのはそういうことです。殴られたら痛い。だから、言いたいことがあっても、目の前の人を怒らせるようなことは言わないで呑み込む。身体を持っているということが、その人の社会的な行動を制約する。でも、ネット上の人格には身体がない。

――一瞬、自由には感じるでしょうが。

内田　ネット人格は身体がないから、自由であることはたしかに自由なんです。でも、それは身体を持たない自由、場合によっては固有名を示さないことで得られる自由なわけです。

ネット人格の自由というのは、固有名を持ち、家族を持ち、通っている学校や勤め先がある生身の人間の、限定性を切り捨てることで成立している。だから、この自由な人格があまり活動的になると、本体がそちらに移ってしまう。
固有名があって、家族がいて、学校に通っていて、友だちや教師からあれこれと評価されたり査定されたりしている自分のほうが「自分らしくない」存在様態で、ネット上で無制約に活動している自分のほうが「自分らしい」存在様態だというふうに思い込むようになる。

ヴァーチャルのほうが実で、リアルのほうが虚になってしまう。すると、リアルのほうはどんどん非活動的になる。社会的には仮死状態を演じるようになる。それが「引きこもり」という病態の一つのありようだと思います。

リアルな本人は、非社会的だが、ネット上では多動的という人格解離は、今あちこちで起きています。

――先生は合気道を子供たちに教えていらっしゃいますが、そこで親御さんともお話をされていますか。

内田　少年部は書生に任せています。自分の家の一階でやっているわけですから、僕もときどき覗いて、子供や親御さんと話したりすることはありますけど。

――実際に触れ合ってみて、今の親御さんとか、お子さんをどのようにお感じになりますか。

内田　ふつうですよ。さっきも言った通り、仕掛けというか、制度の問題なんです。今の子供たちは、「礼儀正しくふるまう」という枠組みを経験したことがないだけなんです。道場は礼儀正しくしなければいけないとか、清潔に保たなければいけないというのは、そういう決まりなんです。そう作り込んであるから、子供たちもすぐにルールは呑み込みますよ。礼もするし、敬語も使うようになる。

武道必修化の勘違い

——そう考えると、礼節もなくなりましたね。今、学校で、柔道や剣道などを教育課程に取り込んでいる自治体とかありますが、礼節を重んじることを学ばせようというところからでしょうね。

内田　礼節を重んじるためにわざわざ武道を迂回するというのは、僕はおかしいと思います。武道が礼節を重んじるのは、それなりの理由があるわけです。それは端的に言うと「身体に対する敬意」、あるいは「身体を通じて発動する巨大な力に対する敬意」です。

自分の身体、相手をしてくれる人の身体、それぞれについて丁寧に観察し、感触を味わい、微細な変化を感知することができないと、武道の稽古は成り立ちません。身体の感度が敏感になるように、道場というシステムは合理的に設計されています。だから、みんな道着を着用して、道場の出入りでは正面に礼をし、稽古の相手にも必ず礼をする。それは人格的なものに対する敬意という以上に、そこに顕現してくる「巨大な力」に対する、一種宗教的な畏敬の思いの表れなんです。

武道というのは、人間をはるかに超える自然力、「野生の力」が、人間の身体を通じて発現するのをどうやって制御するか、そのための技法の体系です。自分の筋力や心肺機能を高めることだけが目的じゃない。もちろん、そういう基礎的な身体機能を高めておかないと、巨大な「野生の力」が自分の身体を通過して発動するという経験ができないから、身体を作る必要はあります。

でも、それは「導管」みたいなものなんです。そこをすさまじい量の激流が通過できるようにするためには、パイプの径を大きくし、パイプの鋼板を厚くしておかないといけない。だからそうする。パイプの径が大きいとか、鋼板が厚いということそれ自体が稽古の目的じゃないんです。「そこを通過するもの」に対する備えなんです。

ですから、道場で子供たちが礼をしている相手は先生じゃないんです。先生を通じて「巨大な自然力」「野生の力」に対して礼をしている。

野球でプレーボールのときに、ピッチャーがボールに対して帽子をとって一礼しますよね。あれは別に審判やキャッチャーに向かって礼をしているわけじゃない。ボールに対して礼をしているんです。ボールが象徴している「野球の神さま」に対して礼をしている。どうぞこれからすばらしいゲームができますように、プレイヤーたち全員がすばらしい身体能力を発揮できますように、そう願って一礼している。そういう種類の、超越的なものに対する畏敬の念が、あらゆる礼節の基本なんです。

神社にお参りするときに、手水舎《ちょうずや》で手と口を清めますけれど、それと同じです。素の状態で道場に入ってはいけない。いったんそれまでの自分をリセットする。そして、身体感度を上げて、感覚を研ぎ澄ます。身体感度を上げる。そうしておかないと、自分の身体で起きた微細な変化が感知できませんから。かすかな気配を察知しようとするとき、人間は黙るでしょう。身体の力みをとって、耳を澄まして、表情も消えますよね。それが「礼」なんです。

初詣のときに、神社仏閣の前で手を合わせるときに、みんな頭を垂れて、黙りますでしょう。大声でおしゃべりしたり、耳にヘッドセットつけたままお祈りしたり、手足を振り回して参拝する人なんか見たことないでしょう。そんなことしていると「聞こえない」から。

神殿や本尊に向かって合掌しているとき、人は耳を澄ましているんです。「家内安全」とか「五穀豊穣」とか「学業成就」とか祈りながら、みんな神さまからの「返事」を待っているんです。何か聞こえるんじゃないかなと思って。これまで何十年も神仏を拝んできて、神さま仏さまから「ご返事」があったことなんか一度もないのに、それでももしかすると神仏から何かのメッセージが送られてくるかもしれないと思って、つい耳を澄ませてしまう。

それが「礼」の基本姿勢なんです。人間たちの住む世界とは別の世界からのシグナルを聴き取ろうとする構えのことです。だから、「礼」と「祈り」は身体のかたちが似ているんです。

「道場」という言葉だって、もとは仏教用語ですからね。仏道修行の場のことですから、そこでは超越的なものに対するセンサーの感度を上げなくては話にならない。だから、現実的なものは道場には持ち込まない。それまで着ていた服を脱ぐ。道場外での人間関係を一回リセットする。ニュートラルな状態になってその場に入る。

礼節というのは、超越者に接近するための一つの構えなんです。礼儀正しくあることそれ自体が目的なわけじゃない。ですから、学校教育で武道を礼儀正しくするために道具的に利用するというのは、まるでナンセンスなんです。礼儀正しさというのは「畏れ」の身体的な表現なんですから。そして、それは外部的に強制するものじゃないんです。自分の理解も共感も絶したものに対する内発的な畏れでなければ意味がない。

――なるほど。私も高校時代柔道部だったので、わかるような気がします。何のために強くなりたいのか、強くなるとはどういうことなのかというのが、柔道をやっていたときに考えたことかもしれません。上からの押し付けじゃなく、自発的な行動でないと意味がないということですね。

内田　武道必修化の最大の問題点は、授業でやる以上は考課して点数をつけなければいけないということです。本来、武道の修業は相対評価すべきものじゃありません。一人ひとりの持っている潜在的な能力を高めるために稽古しているわけであって、この子とこの子のどっちが強いか、どっちが巧いかなんてことは、武道的にはまるで無意味なんです。比較する対象があるとすれば、それは「昨日の自分」だけです。

僕がよく言うことですけれど、武道が涵養《かんよう》している「生きる力」というのは、「どこでも寝られる」とか「何でも食える」とか「細胞がすぐ再生する」というような種類の力なんです。どこでも寝られる能力というのはストレスを軽減して、健康状態を保つ上ではきわめて有効な力ですよね。何でもばりばり消化して血肉にできる力も、怪我をしてもすぐに傷口が塞がって、骨が折れてもすぐにつながるという力も、腕力が強いとか、走るのが速いとかいうことと同じくらいに、あるいはそれ以上に、生物にとっては生き延びるチャンスを高める能力です。

でも、そういうものは他人と比較するものじゃない。「細胞再生能力」を点数化して、優劣を比較してランキングをつけても何の意味もない。

比較するとしたら「昨日の自分」とだけです。「昨日の自分」よりも「今日の自分」のほうが生命力が高まっていたら、今の生き方は特に間違っていないということになる。「昨日の自分」よりも生命力が衰えていたら、何か自分の生き方や環境に「よくないこと」が起きているということの証拠です。それを発見して、修正できるものなら修正する。武道が開発しようとしているのは、そういう力なんです。点数をつけたり、他人と競争するものじゃない。

もちろん武道の中にも比較考量できる能力はありますよ。筋骨を強くしたり、心肺機能を高めたりするということは、さっき言った「パイプを太くする、強くする」ことなんですから、大切なことです。試合をやったりランキングをつけたり巧拙を点数化したりすると、そういう力が増すというのなら、やればいい。一つの方便として競争をさせて、格付けをするということは有効かもしれません。でも、それは武道の修業の目的ではない。手段です。

遊びは、身体と想像力の共同化作業だった

――この特集でいろいろな方にお話を伺って感じたのが、今、十代の子供たちが唱えている「親友」という感覚のわからなさなんですよ。親友というのは、結構ぐちゃぐちゃしたもので、私も小中学校・高校で喧嘩した奴と、今になって仲良かったりしますが、そういうイメージがまったくないなと感じました。「親友のくせに、お互い同士が何でそんなに距離取っているの？」という。これって非常に寂しいなと感じました。人間関係の距離の取り方は、私たちが子供のときよりもすごく変わっていると思いますが、どうお感じでし

ょうか。

内田　そうだと思いますよ。昭和二十年代ぐらいの小学校のときの写真を見ると、今と教室の風景が全然違いますね。全員が一つの身体みたいになっている。笑うときには、教室中が一斉に笑う。机から乗り出して笑うときは全員が乗り出している。後ろにのけぞるときもクラス全体が同じ角度でのけぞる。「ああ、そうだったな」と思い出します。それは身体感覚を子供たちが共有していたからできたことなんです。共同的に身体を使う、喜怒哀楽の感情が一緒になる、そういうことがわりとうまくできた。そういうふうに、共同的な身体の使い方を成り立たせるプログラムがあったということでしょう。

それは近代教育の過程で、ある程度意図的につくり込んでいったんだと思います。富国強兵政策も関係していたと思います。軍隊というのは、そういうふうに一斉に身体の感覚が同期するという能力が求められますから。だから子供の頃から、合図をしなくても、一斉に身体が動き、表情が変わり、声が出るという訓練をしてきた。

子供が五人いたら五人の、二人いたら二人の、さまざまな遊びがあった。それも身体的なコンタクトの多い遊びですね。つねに身体を触れ合わせる。それにとにかく物がないですから。遊具がないし、ゲームもない。だから、遊びの場を自分でつくり出すしかない。

何とかごっこをするときには、「今日は、これから鞍馬天狗ごっこをやるぞ」とガキ大将が宣言すると、子供たちは鞍馬天狗になったり、新撰組になったりする。竹の棒や物差しを振り回しているだけなんだけれど、そこに京の四条河原とか祇園の風景が出てくるように想像する。何もない神社の境内に京都の町が出現する。そういう共同的な想像力の使い方を、子供の頃から訓練されていた。そうしないと遊びが成立しませんから。ここはただの神社の境内で、それは虎徹《こてつ》じゃなくて、ただの物差しであるということを忘れないと遊びにならない。だから、子供たちもそれなりに必死なわけです。

僕はちびの頃、運動能力は低かったけれど、そういうときのシチュエーション設定やキャスティングになかなか長《た》けていたので、ガキ大将からよく「次はどういう場面にしようか」というお訊ねを受けました。じゃあ、ここのお堂が勤王の志士のいる宿屋で、そこの慰霊碑の裏から新撰組が忍び込んでくることにしようというふうに僕がとっさに話を作る。作るだけじゃなくて、本気にならないと遊びのリアリティが出ないから、僕がいちばん真剣に斬られたり、叫び声を上げたりする。すると、みんなそれに感化されて、顔色が変わるんです。

でも、そういう遊びはメンバーが出たり入ったりするわけで、誰かが家の人に呼ばれると、「じゃあね」と帰ってしまう。そうすると、また遊びが変わる。そのつど、「ありもの」のメンバーで、お互いを活用しながら共同的に遊んでいく。

家が貧しかったし、親が働くのに忙しくて子供に構う暇がなかった。どの子も家が狭いから、家にいるとうるさがられる。だから、路地に出てくる。そうすると年上の子供たちが遊びを教えてくれる。それが継承されてゆく。そういう中で、身体を共同化する、想像力を共同化するという訓練を、かなり集中的にやってきたわけですね。

それが、さっきの話に出た「距離の近さ」だということだと思います。人の身体を嫌わないというか。みんなの身体を共同的に使って、それで遊ぶ。そういう種類の訓練をやっていた。でもそういう環境は、今はもうありません。子供たちはもう自分の部屋を持っていますから、家にいても親から「外で遊びなさい」とはまず言われない。

——むしろ、外に行かせない親もいますよね。

内田　いまは皆そうなんじゃないですか。部屋に引っ込んでいる分には、別に邪魔にならないから、部屋で何してても構わない。

——部屋でゲームしようが、何しようが。

内田　自分の子供部屋ができたあとでも、子供部屋にじっとしていると親には怒られましたね。「昼間から電気点《つ》けているともったいないから」とか。何でもとにかく表に出ろといわれるので、しかたがないから友だちを探しに行くわけです。

クラスの何とか君という子がいて、ちょっと口きいたことがあるから、もしかしてあの子と遊べるかもしれないと思って、そのよく知らない級友を訪ねてゆく。家を知らないから表札を探して、「こんにちは」「なあに？」「遊ばない？」「うん、いいよ」という感じで、二人でどこかへ行く。することないから、また友だちの家を探しに行く。それで三人くらいになると、ようやく遊びの知恵が出てきて、「じゃあ、バドミントンやろう」とか「多摩川で野球やろう」という話になる。

だから、知らない友だちの家によく行っていましたよ。電話がないですから、アポイントが取れない。学校を出るときに「あとで遊びに行くからね」と約束して行くということもたまにありましたけれど、だいたいは家に帰ってもすることがなくて、ふらふらと遊びに出る。何の計画もないから、とりあえず友だちのところに行って外に引っ張り出す。

うちにもよく来ましたよ。三人くらいでぼんやりした顔して、「ウチダくん」って外で呼ぶ。出て行くと「なんかして遊ばない？」と訊かれる。急に言われても思いつかないから、じゃあ、なんとか君のうちに行こうということになって、四人でぞろぞろ別の子のうちに行く。それくらい、時間が余っていたわけですね。

学校が終わってから、晩ご飯の時間になるまでほんとうに長かったんです。このエンドレスの午後の時間をつぶすのがほんとうに大変だった。

――今は、皆塾で、子供も忙しい。

内田　ですよね。だから、身体的な接触も、何もないところで遊びを作り出す工夫がもうできない。気の毒と言えば気の毒ですよね。

――昔は、外で遊ぶバリエーションがいっぱいありましたね。私の子供のときも、刑事役と泥棒役でつかまえる遊びとかしましたよ。

内田　缶蹴りとか、三角ベースとか、馬跳びとか。

――相撲とかもやっていました。

内田　相撲もあの頃の子供たちはよくやっていましたね。道具がなくても相撲はできるから。何もないときは、しょうがないから相撲。僕は相撲が弱いので、大嫌いでしたけど。

――僕のときも、辛うじてまだありました。二人だと、こっちがライオンで向こうがトラになって闘ったり。

内田　道具が何もなくてもできる遊びというのは、いっぱいありましたね。何十種類とあったんじゃないかな。人数が多くないとできない遊びもあって。ある遊びがやたら流行る時期もあるわけです。駆逐水雷なら駆逐水雷、缶蹴りなら缶蹴りがいっとき流行る。今はそれがないわけですからねえ。子供たちにあの頃のような遊び方を要求するのは無理ですよね。

——そうですね。私が子供の頃は、一緒に遊ぶ友だちがいないと、母親が一緒に蟬取りをしてくれたり、父親がキャッチボールしてくれたりしたので、親ともっと遊んだらいいのにと思います。

内田　そうですよね。まあ、それだからこそ、こういう道場にも子供たちが来てくれるわけです。

連帯する能力の有無が生死を分ける

——これからの子供たちが日本の社会を担っていくわけですが、子供たちに対して大人ができること、あるいは子供たちへのメッセージをお願いいたします。

内田　わかりにくい話かもしれませんけれど、自己発見のためにはルーティンを守るということがけっこう大切なんです。毎日毎週同じことを繰り返す。同じことを繰り返していないと、自分の中に生じた変化がわかりませんから。

例えば、毎日同じ時間に同じ道を歩いて通学していると、四季の変化がわかる。昨日はまだ咲いていなかった花が咲いていたり、霜柱が立ち始めたり、同じ道を歩いている自分の歩幅が変わっていたり、視線の高さが違ってきていることに気づく。自分の身体に起きつつある微細な変化を点検するためには、定型的な生活を過ごす必要があるんです。

イマヌエル・カントがケーニヒスベルク大学で教えていたとき、毎日ぴったり決まった時間に散歩していたので、通り道の家はカントが通る時間に合わせて家の時計を合わせたそうですけれど、カントがそうしたのは、そういう精密なルーティンが哲学的思索にとってきわめて有効だと知っていたからなんです。

カントさんにしてみると、昨日と同じ時間に同じ場所を通過したときに、「昨日とまったく同じことを考えているはずなのだけれど、なんだか昨日と気分がわずかに違う」ということがある。それが手がかりになる。そのとき何か新しいアイディアが生まれかけているんです。その新しいアイディアの「尻尾」を逃さずとらえるためには、毎日同じことを繰り返していないとダメなんです。そういうものなんです。宗教的な訓練でも、武道的な修業でも同じです。そういうルーティンの反復が、成長するときには必要なんです。子供自身が劇的に変化するときだからこそ、枠組みのしっかりした、儀礼的・定型的な場に置かれたほうがいいんです。

今の日本では、家庭も学校も機能不全に陥っている。それは子供たちの置かれている環境が騒がしすぎて、変化が早すぎて、絶えず外からの査定や格付けのストレスにさらされているせいだと僕は思います。

子供に必要なのは、もっと静かで、安定的で、内省的な時間なんです。それがないと身体も心も成長できない。家庭にも学校にも、そういうふうに子供が安心して自分の内側に深く入り込んでいけるような場所がありませんね。

――モデルがないので。

内田　そうです。そういうものが必要だという自覚そのものがない。でも、今がそういう点では「どん詰まり」ではないかという気がします。もうこんな環境では子供が成長できないということがだんだんわかってきたのではないでしょうか。

もう家族と学校だけでは教育機能が果たせない。だから、家族の場合ですと、いくつかの家族がゆるやかにつながった一種の「拡大家族」とか、「複合家族」のようなものが求められてきているんじゃないかと思います。もう昔のような大家族は今さら作るわけにはゆかない。だとしたら、複数の家族が擬似的な大家族を作ってみるしかない。そうでもしないと、子供たちが煮詰まってしまう。家庭をある程度開放して、少し風通しをよくする。若い人たちの間では、一つには経済的な理由もあって、核家族的な生活は持続がむずかしくなっている。だから、複数の家族で住居をシェアする、家財をシェアするという発想が出てくるのは、合理的だと思うんです。若い人たちの場合、家族単位で家を所有し、自家用車を所有し、家財をフルセットで所有するというのは、もう経済的に無理です。それよりは複数の家族で、不要不急のものは共有財として分かち合うほうが、日々の生活のクオリティは高くなる。

その結果、他人とは暮らせない、他人とは財物を共有できない、全部私物じゃないと嫌だという人は、よほど財力がないと標準的なレベルの生活の維持さえむずかしくなる。その一方で、他人とも気楽に共生できる、公共的に家財を共有できるという社会的能力を備えた人たちは、かなり快適な生活を享受できる。共生能力の差が、そのまま生活レベルの差につながっている。

育児におけるネグレクトとか虐待ということが起きている家庭は、だいたいが「閉じられた家庭」ですよね。その多くは経済的に貧しい家庭でもあるわけです。かつては貧しい者同士で助け合うという生活の知恵があったのですけれど、今はもうその知恵が失われている。相互扶助、相互支援という生活の知恵を持たない人たちが、階層社会の最貧困層を形成している。貧しく、かつ孤立しているというのはきついですよ。

だから、今日本の家庭における急務は、どうやって家庭を開放的なものにして、他の家族とつながるか、そのノウハウを身につけることだと思います。子供の教育のためにそのほうが効果的だということ以上に、生き延びるためには「連帯する能力」、「共生する能力」を育むことが喫緊の課題になっている。

「お金も力もない弱者」の共同体を

内田　この凱風館（二〇一一年に神戸市内に創建した武道と哲学のための学塾）という場所は、そういう歴史的な条件の下で構想されたものじゃないかと思います。三〇年前だったら、たぶん僕はこんな家は思いつかなかった。道場は道場で別のところに建てて、自分の家はプライベートに閉じて、オン・オフをきちんと切り替えるというふうに考えたんじゃないかな。

でも、今はそんな気楽なことは言っていられない。これは個人の家ではなく、半ばは公共財である。そういう気持ちでいないと、もうやっていけないんじゃないかと思います。道場に通ってくる人も、それぞれに事情があって、住環境がそれほど恵まれているわけじゃない。道場のほうが居心地がいいという人だっていると思います。トイレもシャワーもあるし、冷暖房も完備しているし、青畳の上で昼寝もできる。そこに行くと書生や仲間がいて、道場の掃除をしたり稽古の支度をしたりしている。だから、つい道場に足が向く。道場の人たちやその家族と一緒にスキーに行ったり、温泉旅行に行ったり、餅つき大会をやったり、そういう昔の終身雇用の疑似家族的な会社がやっていたような企画もやっています。そういう疑似家族的な機能を、どこかが代替しないといけないんじゃないかと思うからです。

今の日本社会は、若い人がスタンドアロンで「誰にも迷惑をかけず、かけられず、自分らしく生きたい」というようなことを言えるほど、もう豊かでも安全でもない。「お互いに迷惑をかけたりかけられたりしながら、愉快に生きてゆく」ノウハウを、若い人たちは身につけてゆかなくちゃいけない。僕はそう思っています。この道場はそういうノウハウの習得のための教育機関でもあるんです。

こういう準・親族的な共同体に帰属していると、どれくらい安全であるかということは、暮らしているとだんだんわかってくると思います。

例えば、神戸がまた震災に襲われたという場合に、道場は当然避難所になります。食糧や水の備蓄もあるし、医薬品もある、門人の中には何人も医師がいる。七五畳あれば、一〇家族くらいは受け容れられますよね。

そのせいでもないと思いますけれど、門人たちはだんだん道場のまわりに引っ越してきています。最近結婚した若いカップルは、だいたいが道場まわりに住んでますね。ご近所に住んで、実家から送ってきた野菜を分け合ったり、お互いの家でご飯を食べるというようなことをしてます。そういうことって、都会生活者はほとんど経験がないから、新鮮なんじゃないですか。

――団地の再利用で、そういうのがありますね。ハウスシェアリング的に改築して。

内田　それはうまくいくかもしれないですね。

――疑似大家族的なものが。

内田　疑似家族、拡大家族について理論的な裏づけはまだ誰もしていないし、管理運営のやり方もまだ共有されていませんけれど、着実に実践されてはいますね。

前に上野千鶴子さんが『おひとりさまの老後』で提唱したのは、お金があって、高学歴で、趣味のいい人たちだけの「強者連合」的なコミュニティでしたけれど、そういうのじゃなくて、お金も力もないメンバーが「弱者連合」するという点が、新しい傾向じゃないかなと思っています。誰が旗を振っているわけでもないのに、全国で同時多発的にそういう動きが始まっている。これが核家族のオルタナティブになるかもしれないと思います。

――新しい地域づくりなのかもしれませんね。

内田　バブルの頃は、家族がいなくても、地域社会が崩壊しても、要るものは全部金で買えるという話をみんなが信じていました。家事も育児も老人介護も、全部アウトソーシングできるんだ、と。だから、金さえあれば人手は要らない。家族の代わり、隣人の代わりは金で買える。だから、とりあえず金を稼げばいいんだ、と。みんなそう信じていた。

でも、なんでも金で買える社会というのは、逆から言えば、金のない人間は何も手に入れることができない社会だということです。身を削るような低賃金労働に耐えて、それで得たわずかな所得で「家族や隣人がいればしてくれるサービス」を商品として買うしかないのだとしたら、はじめからダイレクトに「家族や隣人がいたらしてくれること」をお互いに融通し合うほうがはるかに効率的ですから。

――若い世代のほうが、けっこう敷居が低いですね。他者に対する感じもそうですね。

内田　関川夏央さんが「共和的な貧しさ」という言葉で、戦後の日本社会を形容していますけれど、それに再び近づいているのかもしれません。みんながだんだん貧しくなっているから、お互いに支え合っていかないと生きていけない。

――否応なしに。

内田　ええ。それはしかたがないんだと思います。その「共和的な貧しさ」も、高度成長期に入ると、たちまちばらばらになってしまった。それまで仲の良かった隣家が庭に塀を建てて、もう縁側からお互いの家に出入りするようなことができなくなった。

豊かさと親しみは食い合わせが悪いんです。金ができるとみんなだんだん排他的になる。でも、また日本人全体が貧しくなってきて、共和的な貧しさの知恵の必要性を感じ始めている。

いつの時代がいいとか悪いとか、一概には言えないと思います。個人が原子化して、親族や地域社会が崩壊したのは、日本が豊かで安全になって、一人でも暮らせるようになったことの代償なんですから、それ自体は言祝《ことほ》ぐべき成果なんです。

でも、今また日本は貧しくなり始めてきた。だから、自己利益だけ考えていては生きられなくなってきた。社会が例外的に豊かで安全であったために人間が利己的になったというのと、社会が豊かでも安全でもなくなったので、人間が相互支援的になったのと、「どちらがいい」と問い詰められても、僕には答えられません。そのつどの歴史的状況の変化に人間は適応してゆく。そういうことじゃないかと思います。

第三講

消費社会と家族の解体

「お前は軽自動車で十分だ」

家族と共同体の崩壊が言われてすでにずいぶんになります。でも、「家族の解体」は国策として、官民一体となって粛々として進められてきたものだということを、忘れられては困ります。

家族と共同体の解体に、政治家、官僚、産業界、メディアは深くかかわってきました。深くかかわったどころではありません。全力でそれを押し進めてきた。その「犯意」に無自覚なまま「共同体の再生」を唱えられても、僕は耳を貸す気にはなれません。

一九八〇年代、日本人は官民を挙げて「できるだけ活発に消費活動をすること」を国家目標に掲げました。家族が国策的に、組織的に解体に向かったのはこのときからです。

当時の中曽根首相自身は復古的なメンタリティの人でしたから、彼が家族や共同体の解体を意識的にめざしていたとは思いません。けれども、経済成長のための最適解を求めた結果、最も合理的な政策は「家族解体」でした。消費活動を活性化するためには家族の絆がしっかりしていて、家族たちが連帯し、支え合っていては困る。だから、国策として家族解体が推し進められたのです。

もちろん、こんな話を急にしても、すぐに頷いてくれる人はいません。ですから、これからじっくりその理路をご説明します。

どうして、経済成長のためには家族解体が必要だったのか。

問題は消費単位です。「誰が」、あるいは「何が」消費活動を行うのか。それを考えてください。

近代社会では久しく消費単位は家族でした。家族のそれぞれが労働によって、いくばくかの収入を「家計」に入れる。それはある意味で、家族全員が協力して積み上げたものです。直接には賃労働をしない子供だって、庭掃除をしたり、靴磨きをしたりして、働く大人たちのアシストをしていましたから。家産形成には家族全員が程度の差はあれかかわっていた。少なくとも「かかわっていた」という物語をみんなが信じていた。

ですから、その使途についても家族全体の合意が必要でした。みんなでがんばって積み上げた所得ですから、みんなで使い道を決める。

でも、ここにネックがありました。それは家族内で合意が形成されない限り、消費活動が始まらないということです。特に高額の家財の購入の場合には、家族全員の合意が求められる。

例えば、臨時のボーナスが入ったというときに、パパは「車の買い換え」を提案し、ママは「冷蔵庫の買い換え」を提案し、祖母は「仏壇の買い換え」を提案し、子供たちは「自転車の買い換え」を提案し……というような場合に、家庭内合意を形成するのはきわめて困難です。結果的に、誰の提案も多数を得ることができず、臨時ボーナスは日曜の夜にみんなで回転寿司に行って、あとはとりあえず貯蓄、というのはよくある話です。消費単位が家族である場合には、「そういうこと」が起きます。

それなりの所得があるにもかかわらず、貨幣は市場に投じられず、貯蓄に回される。これは市場からするとあまりうれしい話ではありません。貯蓄なんかされては困る。あるだけのお金をじゃんじゃん市場に投じて、次々と商品を購入し、蕩尽《とうじん》し、廃棄し、また次のものを購入する、消費者にはぜひそういうサイクルに入って頂きたい。そのためには「使途の決定に家庭内合意が必要」というルールは邪魔でした。

家族の誰かが「通勤用にベンツを買いたい」とか、「恋人とセブ島にバカンスに行きたい」とか言い出した場合、家族全体が同意するということは、ふつう起こりません。必ず異論が出る。提案者にはなぜそのような支出が緊急に必要であるのかについて、他の家族たちの前で説明する責任が発生します。この「説明責任」というのが、消費活動を強く抑制してきました。

親族間の絆が強かった時代であれば、小うるさい説教を我慢しさえすれば、親のへそくりや倹約家の親類から無心する手がありました。無利子・無担保で借金ができるときに、金融機関から高利の金を借りる人間はいません。

今でも親族や友人からお金を借りようと思えば、借りられないことはありません。でも、その場合は債権者による消費行動の必然性の吟味に耐えなければなりません。そこでは「ベンツに乗るなんて百年早い。少しは分をわきまえろ。お前なら軽自動車で十分だ」というような、耳に痛い説教を聴かされることになります。「セブ島？　バカ言うな。身分不相応な贅沢をするんじゃない。二人で日曜に江ノ島にでも行ってこい」とか。

でも、自分の消費行動について他人から批判的なコメントをされることは、現代人にとって最も耐え難い苦痛の一つなのです。現代人は自分の消費行動に関するコメントを、自分の人格についてのコメントとして受け取るように教え込まれているからです。

「あなたが何ものであるかは、あなたがどのような商品を購入したのかによって決せられる」。そのような消費者哲学に基づいて、現代人のアイデンティティは構築されています。

どういう家に住んで、どういう服を着て、どういう車に乗って、どういう家具に囲まれて、どういうワインを飲んで、どういうレストランで食事をして、どういうリゾートでバカンスを過ごすか。そういう消費行動によって、「あなたが何ものであるか」は決定される。だから、商品購入ができない人間は「何もの」でもありえないのだ。長い期間をかけて現代人はそう教え込まれてきました。

ですから、自分の消費行動について他人から批判がましいコメントをされることを、僕たちは直接自分自身の人格についての批判だと受け取ってしまう。「ベンツ」は僕の自己評価に基づく理想我であり、おじさんが言う「お前は軽四輪でいい」というのは僕への外部評価です。僕たちはその落差を、単に自分の経済状態についての評価だと思うことができず、それを人間として劣等であるという宣告として受け止め、その言葉に深く、人格的に傷つけられてしまいます。

そして、そのようなつらい機会を避けるために、人は消費者金融のドアを叩くことになります。そこでは、返済の見通しについては吟味されますけれど、商品購入の当否については誰もコメントしないからです。

消費行動がアイデンティティを構築するということになると、消費行動はできるだけ個性的でなければならなくなります。当然ですよね。この世に唯一無二のオリジナルな人間になるために商品を買うわけですから、できるだけ「他の人が知らない商品」「他の人が持っていない商品」「他の人が欲しがらない商品」を選好しないと話が始まらない。

でも、そういうふうに欲しいものがオリジナルになればなるほど、それを「欲しい」という人の気分は共感されにくくなる。「ネットオークションで前から欲しかったウルトラマンのフィギュアが五〇万円で出ているので、貯金を下ろしてこれを手に入れたい」というような要請が、家族会議で合意を得る可能性はほとんどありません。

となると、「自分らしく」生きるためには、消費行動におけるフリーハンドを手に入れるしかない。何を買うのかを自己決定できる環境で暮らすこと。その消費活動が「身の程」と引き比べて適切であるかどうかということについて、誰にも口を差し挟ませないこと。それがすべての日本人にとって喫緊の課題となりました。家族解体はその必然の帰結でした。

消費主体が家族から個人に移行すること。それを市場は強く要請しました。そして、それは実際に市場の「ビッグバン」をもたらした。一家四人で暮らしていた人たちが解体して、ばらばらになれば、住む場所は四つ要るし、冷蔵庫も四つ要るし、テレビも四つ要る。

そういうことです。

現に「バブル経済」という消費活動が倒錯的に過熱した時期に、家族の解体もまた劇的に進行しました。この時期の広告活動の中心人物の一人であった糸井重里の代表的なコピーが「ほしいものがほしいわ。」であり、彼が同時期に書いた小説のタイトルが『家族解散』であることは、消費文化の本質をみごとに衝いていると思います。

学力ゼロで卒業した子供たちの末路

見落とされがちなことですが、バブル期以前まで、自分が「何もの」であるかは、消費行動によってではなく、労働行動によって示すものだと僕たちは教えられてきました。「何を買うか」ではなく、「何を作り出すか」によって、アイデンティティは形成されていた。自分が作り出したものの有用性や、質の高さや、オリジナリティについて他者から承認を得ることで、僕たちは自らのアイデンティティを基礎づけてきた。

でも、八〇年代からの消費文化は、そのルールを変えてしまいました。それがこの時期の最大の社会的変化だったと思います。「労働」ではなく「消費」が、人間の第一次的な社会活動になったのです。

「何を作るか」ではなく、「何を買うか」を基準に、人間の値踏みをするようになった。その場合、消費の原資となる金をどのようにして手に入れたかは、原則的に不問に付されます。「金に色はついていない」というのは、その時期にバブル紳士たちがよく口にした言葉です。たしかにその通りです。「色」がついているのは商品のほうです。だから、消費者がどの商品を選ぶかには深い意味がある。でも、それを購入するための原資がどのような仕方で獲得されたかには何の意味もない。

この新しい貨幣観は、僕たちの労働観にも本質的な変化をもたらさずにはいませんでした。

日本人に刷り込まれた新しい労働観というのは次のようなものでした。最も少ない努力で、最も効率よく、最も大量の貨幣を獲得できるのが、「よい労働」である。

労働の価値は、かつてはどのように有用なもの、価値あるものを作り出したかによって考量されました。バブル期以降はもうそうではありませんでした。その労働がどれほどの収入をもたらしたかによって、労働の価値は考量されることになった。そういうルールに変わったのです。

ですから、最もわずかな労働時間で巨額の収入をもたらすような労働形態が、最も賢い働き方だということになる（例えば、金融商品の売買）。一方、額に汗して働き、使用価値の高い商品を生み出しても、高額の収入をもたらさない労働は社会的劣位に位置づけられました（例えば、農林水産業）。そのようにして現代人の労働するモチベーションは、根元から傷つけられていった。

子供たちが学ばなくなったのも、この労働観の変質と同じ理由で説明できます。今でももちろん子供たちは、学歴の重要性はきちんと認識しています。けれども、彼らにとって最優先の問題は、それをどれほど少ない学習努力で獲得するかなのです。できるだけ少ない学習努力で、できるだけ価値の高い大学の学位記を手に入れた学生が、費用対効果という基準から言えば「最も賢い」学生だということになる。

ほんとうにそうなのです。大学で教えているときに、授業の最初で学生たちが訊いてくるのは、「この教科は最低何点で単位がもらえますか」と、「この教科は何回まで休めますか」です。必ずそれを訊いてくる。これはもう日本中どこの大学でもそうです。訊かれれば教師は「六〇点」とか「全授業数の三分の一以上休んだらダメ」とか、それぞれの最低基準を開示します。学生はそれを知りたがっている。単位を取るための学習努力のミニマムを知ることが、科目登録に際しての最優先事項なのです。

それは「この商品、いくらまで値引きしてくれますか？」と訊ねてくる、手ごわい消費者の態度とまったく変わるところがありません。六〇円で買える商品に一〇〇円出す消費者はいません。そんなことをしたら市場原理が崩れてしまう。消費者は同一商品に対しては、最低価格で購入する権利があるだけでなく、そうする義務があるのです。同じ商品を六〇円で買ったり、気分が向いたら一〇〇円で買ったりするようなふるまいを市場で許したら、「神の見えざる手」はもう機能しません。消費者は絶対に最低価格で商品を購入しなければならない。

今の子供たちは、この「最低価格で商品を購入しなければならない」という義務の感覚を、幼児期から刷り込まれています。それが当然だと思っている。でも、その義務の感覚をそのまま教育の場に持ち込んできたら、何が起きるか。

彼らは教育商品（単位や資格や免状を、彼らは「教育商品」ととらえています）をミニマムの価格（すなわち最低の学習努力）で手に入れることを義務だと信じるようになる。ですから、一二四単位取れば卒業できるのに二〇〇単位取る勉強好きの学生を見ても、「まったく無意味なことをしている」と思う。六〇点取れば単位がもらえるのに一〇〇点取る同級生も、五回まで休めるのに全一五週出席する同級生も、「バカ」に見える。目標が「学士号を手に入れること」であれば、最少の学習努力で目標を達成することだけに意味がある。

ほんとうにそのことを自慢する学生がいるのです。「授業も出ず、レポートも丸写し、試験もカンニングで、何ひとつ勉強せずに、大学を卒業しました」という「達成」を、満面の笑顔で語る青年たちがときどきいます。彼らは別に皮肉を言っているわけでも、学校教育を批判しているわけでもありません。自分が「賢い消費者として、賢い買い物をした」ことをほめてほしくて自慢しているのです。

僕が以前から「学校教育に市場原理を持ち込んではならない」と繰り返し述べているのはそういう理由からです。現場にいれば、わかります。学校教育で子供たちに費用対効果を競わせたら、教育はもう「おしまい」です。原理的に考えて、その競争では「学力ゼロ」で卒業した子供が勝利者として讃えられるゲームなんですから。

でも、その狂ったゲームが今、実際に行われています。子供たちも保護者たちも、ふつうにそう考えている。平然と「受験に関係ない教科なんか勉強しなくていい」と豪語する保護者や生徒が、皆さんのまわりにもいるでしょう。無駄なことはしない、と。

ですから、受験勉強でも、最も効率のよい学習法を血眼で探しています。もし「三カ月で偏差値10アップ」を看板に掲げる予備校の隣に「一カ月で偏差値10アップ」の予備校があれば、親はそちらを選ぶでしょう。その隣に「一週間で偏差値10アップ」の予備校があれば、ことの筋目からしてそちらを選ばざるを得ない。だからもし「学習努力ゼロで偏差値10アップ」の予備校があったら（ありませんけど）、それがベストのものだということに、親も子供も同意せざるを得ない。

つまり、学力を高めることは、もはや学校教育の目的ではなくなってしまったのです。そうではなく、人々は「いかに少ない努力で、いかに多くの報酬を受け取るか」を競っている。同学齢集団の中で、「努力の少なさ」が競われている以上、絶対学力が底なしに低下するのは、論理的に自明のことです。

費用対効果を競い合っているうちに、その集団では成員全員がお互いに足を引っ張り合うようになりました。子供たちは遅くとも中等教育の段階に至ると、自分のまわりの生徒たちの知的成長を阻害することにつねに努力するようになります。もちろん本人は自分がそんな邪悪なことに熱中しているという「犯意」はありません。ごく自然に、無意識にやっている。

一度電車の中で、中学生や高校生たちがおしゃべりしているのを、こっそり立ち聞きしてみてください。彼らが、例えば次期アメリカ大統領の世界戦略についてとか、日中関係の今後の展望についてとか、そういうことを熱心に語り合っているのを聞くことはまずありません。彼らが話しているのはゲームの話、タレントの話、ファッションの話、スポーツの話……など、とにかくそれについて自分がどれほど深く広い知見を披瀝しても、それによって話を聞いている友人たちの次の試験の点数が一点も上がらないトピックだけに限定されています。

うかつにアメリカ大統領選挙の見通しについて語ったり、グローバル企業のインドネシア進出について語ったり、カズオ・イシグロの新作について語ったりしたら、何かのはずみでそれが試験に出て、聞いていた友人たちの得点が増えるかもしれない。それは今、子供たちがやっている競争では、自分の側の「損失」にカウントされます。だから、子供たちはそんなリスクは決して冒しません。友だちの試験の点数が一点でも上がりそうな恐れがある話は絶対にしない。絶対に。

この気が遠くなるほどの日常的努力の積み重ねの上に、現代日本人の恐るべき「無教養」と「反知性主義的傾向」が構築されているのです。

「こども」の数が異常に増殖してしまった

指摘しておかなくてはいけないのは、このような「競争相手の足を引っ張る」という競争戦略が可能なのは、例外的に豊かで安全な社会において「だけ」だということです。社会成員がどれほど愚鈍で未熟であっても、それによって「自分の取り分」が増えるだけで、他に悪いことは何も起こらない。そういう気楽な見通しが立つ社会においてのみ、人々はまわりの人間が「未熟で、無知で、使い物にならない」人たちであることを切望するようになります。

社会成員の過半が「未熟で、無知で、使い物にならない」人々でも、そこそこ順調に機能する社会制度を作り上げたということについては、戦後日本人の超人的な努力を素直に評価すべきだろうと僕は思います。これは評価するに値する世界史的功績です。でも、こんな話は長くは続かない。どんなよくできた社会システムでも、それを永続的に機能させるためには、一定数の「おとな」が必要だからです。

システムのあちこちに故障や部品の劣化が発見されて「ここ壊れたよ！」という声が上

がったときに、「はいはい、おじさんが修理しておきますからね」と、さくさくと手当てをしてくれる人が一定数必要です。全員が「おい、ここ壊れているぞ。早く何とかしろよ！」と怒鳴っているだけでは、システムはいずれ瓦解します。誰かが「はいはい」と修繕に当たらないといけない。

システムの保全が「自分の仕事」だと思う人がいないと、システムは瓦解します。当たり前のことですけれど、忘れられかけているようなので、声を大にしてもう一度言います。システムの保全が「自分の仕事」だと思う人がいないと、システムは瓦解します。

この「システム保全仕事」は、基本的にボランティアです。だって、システムの保全は「みんなの仕事」だからです。「みんな」で手分けして行うものです。別に工程表があるわけでもないし、指揮系統があるわけでもないし、一人ひとりの分掌《ぶんしょう》を定めた組織図があるわけでもありません。

それこそ「道路に落ちている空き缶を拾う」ような気分で行う仕事です。「道路に落ちている空き缶」を拾うのは、誰にとっても「自分の仕事」ではありません。自分が捨てたわけじゃないんですから。そんなものは捨てたやつが拾うべきであって、通りすがりの人間にそんな責任はない。それも理屈です。そういうのは「みんなの仕事」ではあっても、

「自分の仕事」ではない。そう考えるのが「こども」です。「おとな」は違います。「おとな」というのは、そういうときにさくっと空き缶を拾って、ゴミ箱が手近になければ自分の家に持ち帰って「びん・かん・ペットボトル」のビニール袋に入れて、ゴミの日に出すような人のことです。それが「おとな」です。

「こども」は、システムの保全は「みんなの仕事」だから「自分の仕事」じゃないと思う。「おとな」はシステムの保全は「みんなの仕事」だから「自分の仕事」だと思う。その違いです。それだけの違いです。

今の日本は、「こども」の数が異常に増殖してしまった社会です。誰もが「おい、なんとかしろよ！」と怒鳴るだけで、「はいはい、私がやっておきます」という人はさっぱり出てこない。

別に全員が「おとな」である必要はありません。そんな無法なことを僕は求めているわけではありません。全体の、そうですね、七パーセントくらい「おとな」がいれば、現代の社会制度はなんとか回していけます。それくらいには日本社会は安定的に設計されていますから。

でも、七パーセントを切ったら、つまり一五人に一人くらいの比率で「おとな」がいるという状態が維持できなくなったら、社会システムはあらゆる箇所で破綻し始めます。

システムが破綻したときに、「システム回復は自分の業務契約には入っていない」「そんなリスクがあるとは前任者から引き継がれていない」「そもそも想定外だった」というふうに責任を自分以外のものに付け替えるのが「こども」の特徴です。中高年であっても、禿げていて腹が出ていて、態度が大きくても、そういうことを言う人間はみんな「こども」です。「こども」であることは別に罪ではありません。ただ、こういう人間たちは、不調に陥ったシステムの立て直しというような大切な仕事には使えないということです。

今の日本はすでに「おとな」比率が五パーセントに近づいていると僕は判断しています。危機水域に入りつつある。ですから、もう一度「おとな」比率を増大させるような手立てを講じなければなりません。

強者には支援する義務が、弱者には支援される権利が

先ほどから何度も申し上げているように、伝統的な血縁共同体や地縁共同体が崩壊したのは、日本が豊かになり、安全になったからです。一人でも、誰にも頼らず生きることが

可能になったからです。それはとりあえず慶賀すべき達成である。そのことも申し上げました。

かつては一人では生きていけなかった。僕の少年時代までは、東京のような大都会でもそうでした。生きてゆくための基本サービスでさえ、行政に全面的に頼ることができない時期がありました。一九五〇年代までは、治安も消防も地域衛生も、行政に頼ることはできませんでした。自治体にはお金もなかったし、人手もなかった。

だから住民たちはその仕事を自前で引き受けた。火事を出さない、泥棒に入られない、ゴミを散らかさない、伝染病を蔓延させない、というようなことは、住民自身がまず配慮すべきことでした。そういうことが起きてしまった後に、行政に「だからちゃんとやっとけって言っただろう」とクレームをつけても、燃えてしまったものは戻ってこないし、盗まれたものは返ってこない。だから、その時代には、地域共同体の人々と相互扶助的な、ある程度友好的な人間関係を構築せざるを得なかった。地域の共同体に帰属していなければ、基本的な生活基盤さえ確保されなかったからです。そうしないと困るからそうしていたわけで、別にそうしたくてしていたわけではありません。

一九六〇年代の半ば頃まで、町内の父親たちは、冬の夜になると「マッチ一本、火事のもと、「火の用心」と言って拍子木を鳴らして町内を歩いていました。それは行政に迅速な消防活動を要望するより、自力で失火のリスクを軽減するほうが、より現実的なソリューションだったからです。

でも今はもう違います。そういう仕事は行政がやってくれることになった。地域共同体はもう、治安や消防や公衆衛生のサービスを自力で行う必要がない。だから、近所づきあいをする必要もなくなった。夜回りするような暇があれば、どこかで金を稼いできて、その金で行政サービスを買うほうがずっと効率的だ、と。そういうふうに考えるようになったのです。そうやって、地域共同体も崩れてゆきました。

親族や友人たちや隣人たちとのネットワークは、自分に「もしものこと」があったときに支援してもらう代償として、相手に「もしものこと」があったときに支援するという、互恵的な契約に基づくものです。平たく言えば、お互いに迷惑をかけ合うためのシステムである。

人間というのは迷惑をかけたり、かけられたりするものだという人間理解が、その基本にあります。

けれども、今の人たちは「私は誰にも迷惑をかけたくないし、誰からも迷惑をかけられたくない」という願いを公言します。若い人にとってはそういう言い方は「当たり前」のものに聞こえるかもしれません。でも、少なくとも少し前までの日本では、そう公言する人は周囲からするどい非難のまなざしを浴びる覚悟が必要でした。そういうことが大声で言えるようになったのは、せいぜいこの三〇年です。

たしかに、自分が健康で、社会生活が順調なときは、誰からも支援される必要がありません。そのときに他人から一方的に支援を求められたら、「なんか、自分だけが損をしている」ような気がするでしょう。「自分の面倒は自分で見ろよ」と言いたくなるでしょう。

でも、相互扶助システムというのは、「強者には支援する義務があり、弱者には支援される権利がある」という、不公平なルールで運営されているのです。個人の努力の成果は個人宛てに戻ってくるのではなく、共同体が共有する。みんなが持ち寄ったものを一山に集めて、それを必要に応じて分配する。それが相互支援のルールです。だから、能力が高く、価値あるものをたくさん共同体にもたらし来たった人は、与えたものよりも少なく受け取るし、社会的能力の低い人は与えたものより多くを受け取る。

残念ながら、現代人はこのルールがよく理解できない。「オレの努力の成果はオレのものだろう？　何が悲しくて、他人と分け合わなくちゃいけないんだ」と、青筋立てる人がたくさんいます。

たしかに、その言い分は合理的に聞こえます。能力のあるものはたくさん取り、能力のないものは少なくしか取れない。たくさん稼げるのは才能や努力の成果であって、たくさん欲しければ人より努力しろ、と。そういうロジックに基づいて、生活保護の受給者は「社会保障のフリーライダーだ」と罵倒した政治家がいました。それに拍手喝采を送った市民たちもたくさんいました。

でも、弱者に対してそれだけ残酷なことが言えるのは、逆説的ですけれど、実は世の中が平和で豊かだったからです。「パイの分配」が少ない人でも、「パイ」の絶対量が増量し続けている社会では、そこそこ食べられた。相対的な競争で負けても、それほどひどい目に遭うわけではありませんでした。競争に負けたらいきなり餓死するというようなことはなかった。

でも、そういう牧歌的な時代はしだいに、確実に終わりつつあります。

「おとなのいない国」日本

日本の「パイ」は、すでに不可逆的な縮小過程に入りました。どんどん縮んでいる。これはもう、経済成長信者が何を言おうとわめこうと、止めることはできません。

何より人口が減り始めました。これは列島史上はじめてのことです。戦争や疫病で一時的に人口が減ったことはあっても、構造的に減るのはこれがはじめてのことです。つまり、日本列島は人口減の自然過程に入ったということです。人為によっては止めることができません。

たしかに先進国でも、出生率を回復した国がないわけではありません。

出生率の減少に関与することが、はっきりしている要素が二つあります。一つは教育投資額、一つは女性の学歴です。子供の教育に投じるお金の額が増えるほどに子供の数は減る。女性の学歴が上がるほどに晩婚化・少子化が進む。これは世界中どこでも同じです。

ですから、日本政府が本気で出生率のV字回復を望むなら、二つしか手立てはない。「保育園から大学までの教育費を無償にする」か、「女性があまり知的向上を願わないように仕向ける」か。

でも、政府は教育費に税金を投じる気は全然ありません。ご存じの通り、日本の教育予算の対GDP比でのOECD調査では、世界最低レベルです。日本より公的支出比率が少ない国は、統計を見るとインドとインドネシアの二国しかありません。日本はヨーロッパ、中南米、オセアニアのすべての国の後塵を拝しているのです。それでもなお日本政府は教育費を削ろうと、学校に対して「コストカットの努力が足りない」とがみがみ叱り続けています。これからも子供一人あたりの教育費負担は増えこそすれ、減る見通しはありません。だから、「教育費負担の軽減によって出生率が回復する」というシナリオには現実性がありません。

となると、政府にとって可能性があるのは「女性が知的向上心を持たないように仕向ける」という政策しか残されていない。この件については、たぶん一度は本気で政府部内では議論が行われたと思います。絶対に公言しないでしょうけれど、そういう「ブレーンストーミング」くらいはやったはずです。僕が官邸の人間だったら、「とりあえずシミュレーションだけしておいて、あとでレポートを出すように」と下僚に命じたはずです。

いずれにせよ、出生率のV字回復の名案はありません。このままゆくと、今から半世紀後に日本の人口は、今より四〇〇〇万人減の八六〇〇万人になると予測されています。そのうち六十五歳以上の老人が三八〇〇万人という、いびつな人口構成です。

そして、この「老人たち」が、実は今中学生くらいの諸君であるわけです。消費者マインドと市場原理を深々と内面化したせいで、最低限の学習努力・労働努力で成果を上げることをめざし、競争のためにはまわりの人間の足を引っ張るのが合理的だと考えるような子供たちが、そのまま成長して、そのまま加齢して老人になる。このときに、日本はほんとうに「おとなのいない国」になってしまうでしょう。それはもう安全でも豊かでもない国になるということです。

他者からの支援なしでは生きられない

これまで「家族解体」をにぎやかに言祝《ことほ》いでいられたのは、日本が例外的に豊かで安全な社会だったからです。自己実現とか自己決定とか、「自分らしさ」の追求とか、「自分探しの旅」とか、気楽なことが言っていられたのは、要するに日本が「豊かで安全」だったからです。

「貧しく、安全性に問題のある社会」では、そんなことは言っていられません。相互支援・相互扶助のネットワークに帰属している人と、そういうネットワークに帰属できない人との間には、「格差」どころか「生存可能性」に有意な差がついてしまう。家族構成が同じで、学歴が同じで、職能が同じでも、ネットワークに帰属していない人間は、不意の失職や病気や障害で、いきなり路上生活者にまで転落しかねない。国が貧しく、危険になるというのは、そういうことです。

ネットワークに帰属する人の優位性というのは、「負けしろ」というか、「失敗」の回数に含みがあるということです。仮に失職しても、「つなぎの仕事」を探してくれたり、とりあえず住む家がなくなっても「じゃあ、しばらくうちの二階で暮らしたら」と言ってくれる、そういう支援者がいるのが、ネットワークに属するということの利点です。そういう支援の一つひとつは些細なものに過ぎません。でも、それを「当てにできる人間」と、そういう支援をまったく当てにできない人間との間では、「生き延びる可能性」に有意な差が出る。

「自分は誰にも迷惑をかけないし、かけられたくない」と言う人は、「他者からの支援なしでは生きられない状態」では生きられない。単純な理屈です。

現代人はつい忘れがちですけれど、「他者からの支援なしには生きられない」ということは、人類史の九〇パーセントにおいては「それが常態」だったのです。「ひとりでも生きられる」ということが言えるような社会は、近代以前には存在しなかったし、今もこれからも地上のごく例外的なエリアにしか存在しない。「ひとりでも生きられる」ということを標準仕様にしている社会というのは、歴史上きわめて例外的なものだということ、これは繰り返し申し上げなければならないと思います。

「ひとりでも生きられる」というのは、すばらしいことです。でも、「ひとりでも生きられる社会」に半世紀近く住み慣れている間に、日本人は「他者と共生する能力」を育てる努力を怠ってしまった。そのことが「ひとりでも生きられる社会」システムの自壊を招き寄せました。

ほんとうによくできたシステムだったんです。システムの不調を補修するのが「自分の仕事」だと思って、黙って「空き缶拾い」のようなことをする人間が一定数確保できさえすれば。

でも、そういう人間を育てなければならないということを、システムの恩恵を豊かに享受しているときには誰も考えなかった。システムがあまりによくできていたせいで、システムが崩れ出したときに、それを止めるのが「自分の仕事」だと思う人間がいなくなってしまった。それが日本の現状だと、僕は思っています。

第四講

格差社会の実相

格差社会と階級社会

格差社会というのは、成員たちが単一の度量衡で格付けされる社会のことです。ただ一つの度量衡で格付けできるからこそ、格差が発生するのです。それが昔の階級社会と違うところです。

階級社会では、それぞれの階級ごとに価値観が違っていました。貴族と農民は単に同列にないというのではなく、同類でもありません。まるで違う種族に属していたのです。ですから、何かのはずみで立場が入れ替わるということも想定されていない。平民が貴族になりたいと羨望するということはないし、仮に願っても、そのためのキャリアパスそのものが存在しなかった。

『エセー』の著者、ミシェル・ド・モンテーニュは、ボルドーの貴族でした。モンテーニュの領地と城館を手に入れたのは商人だった彼の曾祖父です。でも、それだけでは貴族にはなれなかった。まずその息子が市民として声望を高め、教育に資産を投じ、その孫が国王や大貴族の戦役に従軍し、ラテン語や作法が身体化して、曾孫のミシェルの代に至って、ようやくまわりから「あの人は生まれついての貴族だ」と認定されるようになった。モンテーニュの時代、富裕な市民から貴族に階層変更するのに四代の努力を要したのです。階級社会というのは、そのように惰性の強いものです。わずかなビジネスチャンスをものにしたからといって、いきなり社会の最上層に席を占めるというようなことは、階級社会では起こりません。

私たちが今いるのは格差社会であって、階級社会ではありません。それは全員が同一種族だということが前提になっている社会だということです。

ある意味では、きわめて民主的な社会だとも言えます。能力や業績が数値的に比較可能であるということは、とりあえずそれ以外の条件がぜんぶ同じだということが前提にあるからです。

実際に平等かどうかは知りません。でも、例えば学力を比較する場合には、成績のよい子と悪い子は、同じ条件で競争しているという話になっている。彼らの間の差異に関与するのは、先天的素質と後天的な学習努力だけであるという話になっている。

年収を比較する場合も同じです。高い収入を得ている人間と低い収入に甘んじている人間は、同じ条件で競争して、その才能と勤労努力の差によって差別化されている、という話になっている。

学校でも職場でも、つねに順位の入れ替えは可能であるという話になっている。そうしないと数値的に差別化する意味がありませんから。

格差社会は、階級社会とその点が違います。その点をしっかり踏まえていないといけない。そして、格差社会の最大の問題点はここにあります。

年収によって格付けされるということが理不尽だというのではなくて、人々は等しい条件で競争するのでなければならないし、現に等しい条件で競争しているという前提そのものが「嘘」だからです。

幼児は「かつての私」、老人は「未来の私」

実際には勉強でも仕事でも、人々は「等しい条件」で競争しているわけではありません。はじめからアドバンテージを享受しているものがおり、重いハンディキャップを背負わされているものがいる。にもかかわらず、「これはフェアな競争である。勝者が総取りし、敗者は路上で野垂れ死にしても、それは自己責任である。勝者になるチャンスは全員に等しく開かれている」ということだけがアナウンスされている。でも、実際にはそうではないのです。

アドバンテージを握っているものは勝ち続け、ハンディを背負っているものは負け続けるという、フィードバックのかかった競争が行われている。にもかかわらず、「等しい条件で競争が行われている」という話になっている。そして、この「フェアな競争」で負けて、生活が立ちゆかなくなった人々を公的システムが支援することを「アンフェア」だと言い募ることが、今では「ふつう」になっています。

改めて言うまでもないことですが、社会保障システムが支援するのは社会的弱者たちです。競争に敗れた人たち、競争からおりた人たち、そもそも競争に参加することを許されなかった人たち、そういう人たちを社会保障は支援する。そういう「競争からこぼれた人たち」は、どんな社会集団にも一定数含まれています。幼児、老人、障害者、病人、孤児、異邦人、そういう人たちです。彼らが集団のフルメンバーとして十分な自尊感情を維持して暮らせるように、社会制度は設計されなければなりません。

忘れている人が多いようですので、確認しておきますけれど、社会集団は弱者ベースで制度設計されるべきものです。弱者が弱者でありながら、成員のフルメンバーとして認知され、十分に快適な生活を過ごせ、十分な自尊感情を維持できるように、集団は設計されなければならない。当たり前のことです。

もし、成員の全員が強者であり、健全であり、高い生産性を持っている場合にしか機能しない集団があったとすれば、そんな集団は一世代も保たないでしょう。なぜなら、人間は必ず他人に扶養されなければ生きていけない幼児だった時期があり、必ず他人に介護されなければ生きていけない老人になり、高い確率で障害者や病人になり、戦乱や飢饉があれば、故郷を離れて言葉も通じない異郷をさまようリスクを負っているからです。だから、そのような状態に陥ったときにも「ちゃんと暮らせる」ように、制度的な備えをしておかなければならない。

別に慈善を施しているとか、博愛事業をしているわけではありません。幼児は「かつての私」であり、老人は「未来の私」であり、障害者や病人や異邦人は「そうなったかもしれない私」だからです。「私がそうであったもの」「そうなるもの」「そうなるかもしれないもの」をすべて「私の変容態」だと見なすことができれば、集団とは端的に弱者を支援するシステムのことだという意味がわかるはずです。

昔オイディプスは、「朝は四本足、昼は二本足、夜は三本足の生き物とは何か?」というスフィンクスの問いに、「人間」と正解しましたが、それが人間についての、ある意味では根源的な定義なのです。人間は生きている間につぎつぎと別のかたちの生き物になる。移行期には二本足半とか、一本足半とかいう過渡的形態を取ることだってあります。

しかし格差社会というのは、いわば「二本足」の人間は個人的努力によって「二本足」になったのであり、努力が足りないせいで「四本足」や「三本足」といった非機能的な歩行をするものよりも上位に位置づけられ、より多くの資源配分に与《あずか》る権利があるという考え方をする社会なのです。

だから、社会格差が拡大するにつれて、「児童虐待」や「老人虐待」が顕在化してきたということは、無関係ではないと僕は思います。

「児童虐待」やネグレクトにおいて、親が動機として口にするのは「邪魔だった」「うるさかった」ということです。こういう親たちは、親の命じる通りに食べて、親の命じる通りに寝て、親の命じる通りにふるまって、親の自己実現を妨害しないことを子供に求めています。未成熟ゆえにその要求に応えることができないことに対して「罰」を与えている。子供に暴力をふるう親は、ある意味で子供を自分と対等な人間だと見なしているのです。

子供には「ご飯を食べたい」とか「おしめを換えてほしい」とか「かまってほしい」と

いう固有の意思、固有の欲望があり、それを実現せんとしており、それが親の側の自己実現としばしば「バッティング」する。

だから、力のあるものは力のないものをねじふせなければならない。暴力をふるう親は無意識のうちに、そういうロジックを採用している。子供を自分と同じように利己的で、自己中心的で、いつも他人を利用して「いい思い」をしたいと考えている存在だと信じている。そう思っている人間しか、子供に暴力をふるうことはできません。

繰り返し言うように、これはある意味ではきわめて「民主的」な考え方なのです。全員が自己の欲望を達成しようと競争している。「万人の万人に対する戦い」が、親子の間でさえ展開している。これは親と子の間の「食うか食われるか」の「フェアな競争」なのだと思っている人間だけが、自分が支援し扶助しなければ生きていけないような弱者を飢えさせたり、殴り殺したりできる。

老親に対する遺棄や暴力も、同じロジックで「正当化」されているのだと思います。認知症の親もまた固有の欲望を持っており、他人を利用しても、他人を踏みつけにしても、それを実現しようとしている。その親の欲望が、介護している子の側の自己実現の欲望と衝突している、そういう構図で老親の介護をとらえてしまったら、子の側が「こんなのフエアじゃない」と思うことは止められません。そして、フェアな競争をしている以上、プレイヤーたちは相互に「手加減しない」ことを求められます。

子供が年収で大人を値踏みする社会

現代日本の格差社会で格付けに採用されている度量衡は、たいへんシンプルなものです。それは「年収」です。「年収の多寡によって人間は格付けされる」という判断を、成員全員が共有している。ですから、「そんな格付けの基準を、オレは認めないよ」という人が続々と出てきて、それが過半数になれば、その瞬間に日本は格差社会ではなくなります。ある意味で「それだけ」のことなのです。

先日、テレビのバラエティで、五千円のワインと五万円のワインを飲み比べして、判定できるかどうかをタレントたちが競う番組をやっているのを見ました。不思議なゲームをしているなと思いましたけれど、そのような微細な差異を検出できる能力が高く評価されるということも、また格差社会の一つの徴候なのだろうと思います。

ワインなんか美味しければいいわけですけれど、「美味しい」という判断は個人的すぎて、他人と比較ができない。でも、「どっちが高いか」ということは、ボトルに値札がついているから数値的に明らかなわけです。主観の入る余地がない。

ワインを享受するという視点からすれば、「このワインは爽やかで美味しい」「このワインはどっしりしていて美味しい」ということで話はおしまいなわけです。でも、このゲームは「美味」について語るのではなく、「値段」を当てるゲームでした。つまり、これまでワインを飲むたびに、「値札」と「味」の間の相関をまず優先的に学習してきた人間が、ハイスコアを取るゲームなのです。

ワインの「味」には値段がついているということを認める人間しか、こんなゲームをおもしろがることはできません。そして、人々はこのゲームをたしかにおもしろがっているようでした。

「これがいくらか」を言い当てる能力が社会的にたいへん有用なものだというのは、それほど確かなことなのでしょうか。ときどき、人の着ている服を見て、「あ、ちょっといいもの着てるんじゃないの。それ、高いでしょ。オレ、わかるんだ」っていう人がいますね。物の値段を言い当てる能力が、その人の趣味のよさとか、知性の指標と見なされるようになったのって、いつからなんだろうと思います。

僕の子供の頃の記憶では、人が着ているもののいい悪いをあげつらうのは、「品のないこと」だとされていました。他人の着ているものを評して、「いいもの着てますね」「一反いくらですか」みたいなことは話題にしないという暗黙のルールがあった。でも、それはいつのまにかなくなった。

今からだいぶ前の話ですけれど、ある雑誌が、インタビュー記事中に出てくる人物のプロフィールを紹介するときに、女性については年齢を入れるのをやめたことがあります。女性に年齢を訊くのは失礼だろうということで。その代わりに年収を入れた。これもどうかと思うけれど、しばらくやってみたら、さすがに読者からの評判が悪くてやめたそうです。でも、その人がどういう人か知るときには、年齢よりも年収のほうが情報として確かだという判断に、いったんは与《くみ》した人たちがいるということが僕には衝撃でした。

年齢って、その人の発言の信頼性を知るための重要な情報だと思います。何年生まれであるかわかると、その人がどんな時代に育って、どんな教育を受けて、どんなテレビや映画を観て、どんな本を読んで、どんな音楽を聴いて、どんな政治的状況、文化的状況に直面したかについて、だいたいのことがわかる。それなら「この言葉は知っているな」とか、「この事件のことは知っているな」ということが類推できる。四十代の人が「オレらが子供の頃は、原っぱに土管があって、それで遊んだものだ」なんて言っても、嘘つきやがれと思う。

年齢は、発言内容の信頼性をチェックするために重要な情報なんです。それを単に「若い女をもてはやし、年取った女を侮る」という、チープな「若さ信仰」にすりよって年齢情報を開示せず、代わりに年収を発言内容の信頼性の指標に掲げるとは、ずいぶん見識のないふるまいだと思いました。

年収なんて、正味の人間性に関してほとんど何も教えてくれません。少なくとも、僕はそんなものには興味がない。年収がいくらであるかよりは、どんな声をして話をするのかとか、どんな表情で笑うのかというようなことのほうが、ずっとその人の人物を判定するためには重要な情報だと僕は思っています。

でも、現実には、年収をその人の発言内容の信憑性とリンクするということが現実化している。年収一億円の人が政治や経済について語ることはなんとなく信頼性がありそうに思え、逆に年収が二〇〇万円の人が世の中の仕組みはこうなっていると主張しても聞いてもらえない。

現にメディアがそうなっているし、たぶん親たちも、日常生活の中では「金のある人間、勝った人間の言うことは受け容れざるを得ない」というリアリズムを無意識のうちに洩らしている。だから、子供たちもいつのまにかそれに感化されている。

今の子供たちは、「金のある人間」の話は傾聴する。金のある人間が「世の中というのはな……」と説教を始めると、子供たちはなんとなく気圧《けお》されて反論できない。それがブラック企業の経営者でも、その見識にはそれなりの経験の支えがあるだろうと思ってしまう。

子供たちは、大人を見るときに、無意識のうちになんとなく年収で値踏みするようになっています。着ている服とか、時計とか、靴とか、そういうもので大人を値踏みできる子供なんて、うんざりしますけれど、そういう外形的な情報から大人たちを自動的に格付けすることに巧みな子供が、いつのまにか組織的に作り出されています。

子供までそういうことをするようになるのが、格差社会なんです。

金がなければ人間じゃないのか？

そして、お金のあるなしが過剰に意識されるようになったことの一つの帰結に、「金がないと人間はどれほど自暴自棄になっても構わない」という、無法状態への抑制の緩みがあるような気がします。

お金がないのでやけくそになって犯罪をしましたということについて、今の社会は妙に寛容です。別に寛容といっても「しかたがないから許す」ということじゃない。もちろん刑事罰はきびしく科すけれど、「そういうことって、人間として自然じゃないか」というふうに、動機に対して理解を示す。そうか、金がないのか。じゃあ、めちゃくちゃなことをしても当然かもしれない、と。「金がないくらいのことで人間としての尊厳を失うな」とか「人の道を簡単に踏み外すな」という説教をする人がもういないんですよ。どれほど非道なことをしても、「金がなかった」と言えば何となく納得してもらえる。

それは裏返して言えば、「金がないのは人間じゃない」というねじれた人間観がなければ、出てこない言葉なんです。

新聞を読んでいて、僕がとりわけ強い違和感を覚えるのは、お金がない、社会的地位を失った、体面を失ったということで、人を殺したり自殺したりする人間がいますけれど、それが事件の動機の説明として十分だという報道姿勢を感じることなんです。そうか、金がなかったのか。金が欲しかったのか。金がない人間はほとんど人間じゃないのも同様だから、「こんなこと」をするのも当然かもしれない、というような考え方が、記事の行間から洩れ出している。

金銭の多寡がストレートにその人の「人間としてのクオリティ」と相関するというのは、きわめて偏った人間観ですけれど、今のメディアは「金がない人間は〝人間度〟が低くて当然である」という説明を無批判に流すことによって、「金がある人間こそ〝人間度〟の高い人間である」という危険な命題に繰り返し同意署名している。これはほとんど「洗脳」と言ってよいような事態だと僕は思います。

「非正規労働者を救済せよ」というキャンペーンがありますね。非正規就労者の雇用条件を改善せよという要求はまったく正しい。でも、その要求の正しさを強調するために、非正規労働者が人間としてどれほど救いのない、絶望的な日々を送っているかが事細かに描写される。この人たちをただちに行政が救済しないと、自暴自棄になって、明日にでも自殺しかねない、明日にでも人を殺しかねないと言わんばかりの論調になっている。

もちろん、それくらい追い詰められている人が現実に存在するということを、僕は否定するわけではありません。でも、「金がないと人間として生きている甲斐がない」と彼らが考えているとしたら、「そうでもないよ」と誰かが言ってあげてもいいんじゃないかと思うんです。でも、誰も言わない。

非正規雇用者の窮状について、もし誰かが「人はパンのみにて生くるに非ず」というようなことを言ったら、すさまじいバッシングを受けるでしょう。ふざけたことを言うな。お前に彼らの苦しみがわかるのか、って。

そう言って怒り狂う人たちは、もちろん善意でそう言っている。善意で正義の言葉を述べている。でも、そうやって現に貧しい人たちが、自尊感情を持って生きる可能性を否定していることには気づいていない。彼らは「オレは貧乏だけれど、愉快に暮らしているよ」という言明を許容しない。そういうことを言う人間がいると、弱者救済のプログラムに支障が出ると思っている。貧しい人間は絶望的な状態にある。自尊感情など持ち得るはずがない。そういう「話」にしないと、政治的主張が整合しない、そう思っている。

僕はそれに違和感を覚えるのです。金のあるなしは当人の人間的価値と関係がない。生活のクオリティとも関係がない。アメリカの超富裕層の中には、キャピタルゲインで若くして天文学的な個人資産を手に入れて、残る人生をリゾート地で、昼はゴルフ、夜はパーティして過ごすというような人がいますけれど、そういう生活が人間の理想であるというふうに僕はまったく思わない。羨ましいとも思わない。それを羨ましがれと言われても、頷くわけにはゆかない。

日本の伝統文化の文脈では、「清貧を楽しむ風儀を知っている人間」のほうが、「金はあるけれど使い道を知らない人間」より高く評価されてきました。漱石は『草枕』の最初のほうで、「独り坐す幽篁《ゆうこう》の裏《うち》、琴を弾じまた長嘯《ちょうしょう》す　深林人知らず　明月来たりて相照らす」という王維《おうい》の詩を引いて、俗塵を離れて、自然の贈り物だけを素材にして美的空間を造形するわざへの憧れを語りました。もちろん漱石の時代だって、そんなのは所詮知識人の「きれいごと」であり、簡単には「浮世《うきよ》の勧工場《かんこうば》」から逃げられるわけじゃないということは自明のことだったでしょう。でも、それでも「出世間的《しゅつせけんてき》の詩味《しみ》」の必要性を頭から否定することはできなかった。方丈の庵《いおり》に棲《す》まっていても、涼しい無一物であっても、琴《きん》棋詩酒《きししゅ》の風雅を楽しむ術を知っている人には、それなりの敬意を払わなければならないということも、また「浮世」の常識の一部であったからです。

そういう常識がもうなくなった。そんなことは誰も口にしないし、しないどころか「してはならない」ということになっている。「貧乏でも生活の質が高い」というようなことをうっかりカミングアウトすると、「じゃあ、お前は他の貧者たちもその境涯に甘んじるべきだと、資本家に収奪されるに任せるべきだと、そう言うのだな」と凄まれてしまう。

そう言われてしまうと、こちらもなかなか反論できません。

そういう正義と公正を求めるシンプルな言説が、「金がなくても人間として尊厳のある生き方はできる、生活の質を高く保つことはできる」という、古人から伝えられた知恵をいつのまにか葬り去ってしまった。

金がない人間はあらゆる尊厳を剝奪され、最低の生活に呻吟《しんぎん》しているのが「当たり前」であるということになった。それに対して、一方に「彼らにもっと金を」というソリューションを提言する人たちがおり、他方に「そんなのは自己責任なんだから、勝手に苦しむがいいさ」と言い放つ人がおり、その二種類の言葉しか口にされなくなった。

繰り返し言いますけれど、僕は「弱者にもっと金を」というロジックが間違っていると言っているのではないのです。当たり前です。先ほど言ったように、僕は、社会は弱者ベースで制度設計されなければならないという立場なんですから、弱者支援に反対するはずがない。

でも、弱者支援が「もっと金を」ということに一元化されてしまうと、それは同時に「金がすべての人間的問題を解決する。金以外には人間の苦しみや欠如感を埋める手立てはない」という命題に同意していることになる。そのことの危険性について、もっと警戒心を持ってほしいということを申し上げているのです。

社会的に要請された「身の程知らず」

「貧しくても涼しく生きる」知恵を、現代人は奪われてしまいました。「身の程」を知るというのは、貧しければ貧しいなりに、その中で生活の質を高めるような工夫をするということです。

でも、格差社会ではそのような生き方は許されません。階層下位に格付けされたものは、その事実を悔しがり、悲しみ、絶望し、必死になって社会的階梯をよじのぼろうと苦闘するか、全部諦めて無気力にへたりこむか、どちらかを選ばなければならない。そういうルールになっているからです。

あらゆる人間は、「最上位」をめざして互いの足を引っ張り合い、下から来るものを蹴落として戦わなければならない。立ち止まることも休息することもできない。一度立ち止まったらもう救いはない。みんながそう言い募っている。

「身の程を知る」というのは、手持ちの資源で何ができるかをやりくりすることです。でも、現代人はもうそんな知恵を失ってしまいました。「何かが欠けているために、したいことができない」と不満顔をすることが、現代人のデフォルトになった。キャベツともやしがあるから野菜炒めが「作れる」というふうに考えるのが「身の程を知る人」であり、キャベツともやしはあるが豚肉がないから肉野菜炒めが「作れない」と渋面を作るのが「身の程を知らない人」です。

最近、大学では入学納入金が払えないという事例が頻繁に報告されるようになりました。入学試験に受かったけれど、納付金が用意できない。金策するから何日か待ってくれというようなことを言ってくる親がいるのです。入学金を用意できないまま私学の入試を受けさせる、親の無計画性に僕は驚きます。入学時の納付金の金額はあらかじめわかっているのに、それを用意していない。

子供が大学受験をするような年齢の親に、一五〇〇万円程度の蓄えがないというのがどうかと思います。生まれてから一八年間、準備期間があったわけですから。それが用意できないままに、ぼんやりお金を使ってしまって子供の入試を迎えてしまった。どうして一方では「お金が大事」とあれだけ言い立てていながら、お金の管理がこんなにルーズなのか。僕にはこれが不思議です。

説明の仕方はいろいろありそうですけど、まず、「身の程を知らない」ということが言えると思います。貯金がないのは、自分の収入のギリギリちょっと上で生活をしているせいです。しなくてもいい無駄づかいをして、家計を逼迫させてしまう。だから、毎月月末になると足りなくなる。かろうじて自転車操業でしのいでいるから、不意の出費があると借金に頼るしかない。でも、「お金貸してください」と言うときに、「身の程知らずの生活費」のせいで始末がつかなくなっているということを親戚や知人には言いたくない。言えば必ず消費生活のありようについて苦言を呈されることがわかっているから。だからATMでキャッシングしたり、使い道について何も訊かない消費者金融に借りることになる。そういう生活をしている人が、けっこう多い。でも、これはほんとうに危険な生き方なのです。

僕の知り合いで自己破産した人がいました。ちゃんと定職も定収もあったんです。でも、入る金よりもちょっと贅沢な暮らしをしていた。ほんのわずかな見栄なんです。たぬきそばを食べればいいところで天ぷらそばを頼むようなレベルの「小銭の贅沢」なんです。でも、そんなわずかな支出でも、毎月何万円かは足りなくなる。それを毎月消費者金融で埋めているうちに、気がつくと雪だるま式に借金がふくれあがって、ついに足掻《あが》きがつかなくなって自己破産してしまった。

どうして収入に生活レベルを合わせるという工夫ができなかったのか、それが僕には不思議でした。身の程に合った生活をしたらいいのに。月々の収入の内側で暮らしていれば、貯金だってできる。なぜそれができないのか。

それはこの「身の程知らずの消費行動」が、社会的に要請されたものだからです。これくらいの年齢の人なら、これくらいの消費生活をするのが標準的である、というモデルを、メディアが広告を通じて絶えず提示しているからです。明らかに広告代理店が作り出した幻想なんですけれど、そういうふうに示された「標準的な消費生活」は、ちょっと無理すればなんとかなる、というきわどいレベルにある。

あまりに自分の可処分所得とかけ離れていると、欲望は湧きません。僕たちは別に「お城に住みたい」とか「自家用ジェットで通勤したい」とか思わない。だから、そんなものを示されても欲望は起動しません。僕たちの欲望を喚起するのは、つねに「ちょっと無理をすれば手が届きそうなもの」なんです。だからつい、つま先立ちをしてしまう。足りなくなると「ちょっとだけだから」と借りてしまう。貸してくれるところはいくらでもありますから。そうやって構造的に貧乏になってゆく。

こういう「ちょっと無理をする消費生活」は、マーケットがそうすることを要請しているのです。消費活動と貯蓄はゼロサムですから、みんなが自分の収入の範囲内で暮らして、余ったら貯金するというような堅実な生き方をされたら、消費活動は沈滞して、経済成長は止まってしまう。それではマーケットは困る。貯金があれば引き出し、なければ借金してでも、自己破産してでも、自分の未来を叩き売ってでも、今ここで消費することが、GDPを増やすためには望ましい生き方だと勧奨されているのです。

国民が、生活水準をおのれの経済実力よりもやや高めに設定するように仕向けるというのは、国策なんです。「借金してでも消費しろ」という生き方を政府そのものが主導してきた。それを真に受けていれば生活は破綻します。でも、「身の程をわきまえろ」「分相応の暮らしをしろ」ということは誰も言いません。政府も言わないし、メディアも言わない。

繰り返し言いますが、僕たちが共同体を形成しているのは、弱者を支援するためです。強者同士が競争して資源を奪い合うためではありません。

「身の程をわきまえる」というのは、共同体が共有している公的な資源のうち、全員に等しく「割り当てられている分」について正確に考量できるということです。「自分の取り分は、だいたいこれくらい」という見通しが立てられるということです。

逆に「身の程をわきまえない」というのは、「他人の割り当て」に手を出しているということです。ただ背伸びをしているとか、贅沢をしているということではありません。全員で分かち合うべき公的な資源の一部を、不当に私有化するふるまいを「身の程を知らない」と呼ぶのです。でも、こういう言葉の使い方はもう誰もしなくなりました。

「この水はオレのものだから、お前は飲むな」

それがなくては共同体が立ちゆかない公的資源のことを、経済学の用語では「社会的共通資本」と言います。社会的共通資本には三種類のものがあります。

一つは自然資源です。大気、海洋、河川、湖沼、森林、土壌。そういうものは「それなしでは人間が生きていけないもの」です。こういうものは誰も私物化すべきではありません。「この空気はオレのものだから他の人間は吸うな」とか、「この河の水は全部オレのものだからオレ以外の人間は飲むな」というような主張は、原理的には許されません。

第二は社会的インフラです。道路、上下水道、通信網、電気、ガスといったライフライン。これもまた、それなしでは人間が暮らしてゆけない資産であり、かつ私有することが許されないものです。「この道路はオレのものだから、通りたければ金を払え」というような主張は通りません。

第三が制度資本です。行政、司法、医療、教育。そういった社会制度もまた、共同体の存立に不可欠であり、かつ個人が私有してはならないものです。個人が警察や裁判所を私有して、「オレの気に入らないから、お前は死刑」というようなことは許されません。

この三種類の社会的共通資本は、専門家によってクールかつリアルな専門的知見に基づいて管理運営されなければならない。私念や私欲が介在してはならない。当たり前のことです。ですから、社会的共通資本の管理運営には、政治イデオロギーと市場経済は関与してはならないとされます。

政治イデオロギーはどれほど賛同者が多くても、それを駆動しているのは私念です。市場はどれほど規模が大きくても、それを駆動しているのは私欲です。私念と私欲を動機に行動することが「悪い」からではありません。私念はつねに誤り、私欲はつねに邪悪であるからではありません。そうではなくて、私念や私欲は「ころころ変わる」からです。政局や市場は変化のスピードがあまりに速いからです。

一度選んだ自分の政治的信念を一〇〇年変えない政治家や、一度買った株は一〇〇年間保持する投資家になら、社会的共通資本の管理運営を委ねてもよいかもしれません。共同体の基幹的な仕組みが「祖父の代からだいたい変わらない」くらいに惰性が効いていて、ゆるゆるとしか変化しないのであれば、人間はその中で日々のベーシックな暮らしを営むときに、ほとんどストレスや緊張を感じずに済みます。

蛇口をひねると水が出る、スイッチを押すと電気が点《つ》く、時刻表通りに電車が来る、一一〇番をまわすとおまわりさんが駆けつける、学校に行くと先生が教壇に立って教科を教える、病院に担ぎ込まれるとすぐ救急医療が受けられる。そういう仕組みは、政権交代や株価変動に連動して変化するものであってはならない。だから、社会的共通資本の管理運営に政治と市場はかかわってはならない。これが制度論の常識だと僕は思います。

でも、この「常識」がもう通らない。それはこれらの社会的共通資本は「誰のものでもない」という前提を受け付けない人が増えてきたからです。増えてきたどころか、もう過半を制したかもしれません。

「それがないと共同体が保たない資源」は、「みんなのもの」「誰の私物でもない」のだから、その資源については、共同体成員の全員が「自分の割り前」を保証されている。この発想そのものが「受け付けられない」という人が増えてきた。

この社会にあるものはすべて、空気から医療まで、すべて「誰かの私物」であっていいじゃないか、「誰かの私物」であるべきだ。空気が吸いたければその所有者に金を払え、医療を受けたければその所有者に土下座しろ。それがことの筋道だと思い込んでいる人が、ほんとうにいるのです。

リバタリアンというのは、そういう考え方をする人たちです。彼らによると、この世にあるすべての有用な資源は「フェアな競争」によって争奪されるべきものです。教育や医療はもちろん、ライフラインも森や湖も、「力のある個人が私有して当然だ」と考える人たちがいる。そのような価値の高いものについて、「それは、僕の取り分です」と手を出すだけで無償で手に入ると思っているのは、よほど「虫のいい」人間だ、というのがリバタリアンの考え方です。

自分たちの現在の地位や名声や資産は、自分の個人的努力の成果である。その「上前」を公権力がはねて、自己努力の成果たる資源を貧者に再分配することをリバタリアンは認めません。それは私権の制限であり、私有財産の奪取であるとみなします。才能もなく、努力もしなかった人々にも「社会的共通資本」が分配されることは、アンフェアである。分配を受ける人間は「他者の努力の成果のフリーライダー」であり、恥ずべき存在だと考える。

これは、アメリカの共和党の支持母体であるティーパーティの考え方です。このような特異な思想がアメリカに発祥したことには、歴史的必然があります。これはアメリカの開拓時代のある種のエートスを映し出しているからです。

アメリカではじめて公教育が導入されたとき、税金を投じて公立学校を作ることに多くの市民が反対しました。なぜ自分たちが刻苦勉励して稼いで納めた税金で、自分たちほど努力してこなかった人間の子弟に教育機会を与えなければいけないのか。もし、教育を受けることで子供たちが知識や技術を身につけ、社会的上昇のチャンスを増すのだとすれば、教育の受益者は教育を受けた子供たち自身である。だとすれば、その代価は自分で払うべきだ。価値あるものを無償で手に入れることはできない。教育を受けたければ、まず働いて、金を稼いで、それから学校に通えばいい。それがフェアネスというものだ、と。自分たちは必死で働いて金を稼ぎ、その金で自分の子供たちを学校に入れて教育を受けさせている。もし、税金でまかなわれる公立学校の卒業生が、私の子供たちと将来的に同じポストを争うことになったとしたら、私は自分の金で、自分に不利益をもたらす人間を育てていることになる。

そういうロジックで、十九世紀のアメリカの有産階級の人々は、公教育の導入に反対したのです。この理路は、現在のアメリカのリバタリアンの言い分とほとんど一言一句変わりません。

たしかにこの主張は、一見すると合理的です。でも、もしこのときに彼らの言い分に理ありとして、「学校教育の受益者は本人なのだから、公教育には税金を投じず、教育を受けたい人間は受益者負担すべきだ」というロジックが通って、公立学校が作られなかったら、アメリカはそのあと、政治活動を指導し、中産階級を形成して経済成長を支え、科学技術上のイノベーションを果たすことになった人材の多くを失い、二十一世紀の今もまだ、開拓時代とあまり変わらない後進国レベルにとどまっていたでしょう。

「フェアな競争社会」のピットフォール

「フェアな競争」という言葉に、あまり簡単に頷くべきではありません。たしかに、それは短期的に見ると整合的なものに思えます。けれども、長期的なタイムスパンの中で見ると、集団の存続を土台から脅かすリスクを含んでいます。

でも、そのリスクについては誰もアナウンスしない。成員みんなが「勝つものが総取りし、敗者には何もやらない」というルールで「フェアな競争」を続けていれば、そのような社会では、自己利益以外の価値、つまり公共的な価値、例えば「自然環境の保全」や「社会的インフラの整備」や、最終的には「国を護る」義務さえ人々は感じなくなるということに、想像が及ばない。

よく考えてください。勝者というのはあくまでも個人です。そして、個人の可動域は狭く、寿命もたかが知れています。「自分さえよければそれでいい」ということを原理に据えれば、自分以外の人間がどうなっても構わない、自分が知らない土地がどうであっても知らない、自分が死んだ「あとは野となれ山となれ」ということになる。論理的にはそうなります。

自分が居住する予定のない場所や、自分が死んだあとの世界はどうなっても構わないと思い切れる人間が、この「フェアな競争」では圧倒的なアドバンテージを持つことになります。当然です。自分の工場が出す排気ガスが大気を汚染し、廃水が水質を汚染すると「みんなが迷惑する。将来の世代に禍根を残す」と思ったら、公害規制のためにそれなりのコストを負担しなければなりません。でも、「他人のことは知らない。先のことなんか知らない。今儲かればいい」という経営者には、そのコストが免ぜられる。「良心的な企業」と「利己的な企業」が競争した場合、コスト削減努力では「利己的な企業」に必ず軍配が上がります。企業が負担すべきコストを「他人」や「未来の人たち」にツケ回しているわけですから、そちらのほうが価格競争では勝ちます。

「フェアな競争」のピットフォールはそこにあります。同時代の競争相手からだけでなく、そもそも競争に参加していない人、できない人たちからもパイを奪ってしまう。たとえ海洋を汚染し、大気を汚染し、森林を切り拓き、湖沼を枯渇させても、未来の世代がそれでどれほど苦しむことが予想されていても、「今、ここで競争に勝ちたい」と思っている人間には、誰も「やめろ」と言えません。「やめろ」という制止が効くためには、「勝者以外の人間にも地球上の資源の正当な分配に与《あずか》る権利がある」ということについての社会的合意が必要です。

でも、この場の勝者以外にも、社会的共通資源の分配に与る権利があるのだという原理をひとたび認めてしまうと、「勝者が総取りして、敗者は自己責任で飢える」という「フェアな競争」ルールはもう立ちゆきません。

格差社会は「フェアな競争」という原理の上に成り立っています。でも、この原理を徹底させれば、人間社会はたぶん二、三世代後には壊滅的な状態になるでしょう。

先ほどアメリカにおける公教育の例を挙げましたけれど、「フェアな競争」原理が徹底された社会には公教育がありません。医療保険もない。年金もない。むろん生活保護もありません。国有林というようなものもありません。市民なら誰でも入れる土地も海岸もありません。すべては「私有地」で、あらゆるところにNo Trespassing（立ち入り禁止）の看板が立っている。

それでも構わない、それのほうがいいと言い放つことができる人は、自分は天変地異にも遭わないし、戦争にも巻き込まれないし、投資に失敗して無一文になることもないし、怪我もしないし、病気もしないし、老いることもないと思っているのでしょう。そういう人なら「それでも構わない」と言い放つかもしれません。あるいは、この世に失うものはもう何もない、早く死にたいと思っている人なら、そう言い放つかもしれません。でも、悪いけれど、そういう異常な人たちを標準にして制度設計をすることはできません。

僕たちが採用できるのは、せいぜい「競争の勝者であっても、その取り分の一部を競争の敗者（あるいは競争に参加しなかったものたち）のために割く義務がある。なぜなら、世の中には私有化になじまない共通の資源があるからである」という「常識的」なルールだけです。

どこまでが社会的共通資本で、どこからが私有に委ねてよいのか、その線引きについては計量的な議論がありうるでしょうけれど、「勝者の総取り」は認めないという原則については、社会的合意がないと困ります。

でも、こんな「当たり前のこと」を、今さらこうやって言葉を尽くして説かなければいけないというのは、ほんとうに恥ずかしいことなのです。ロックやホッブズやルソーが近代市民社会を基礎づけるために語ったことを、三〇〇年後にまた繰り返さなければいけないのですから。それは、人類は三〇〇年をかけてほとんど進歩しなかったということです。

もう一度言いますけれど、完全な格差社会というものは、一部地域で一定期間だけなら存立することができるでしょうし、そのような社会で「私はたいへん愉快に暮らしていける」という人もそれなりの頭数はいるでしょうけれど、地球全域にわたって、長期に存立することはできません。

なぜなら、この資源分配競争には、その時代に生きている人しか参加できないからです。五輪の一〇〇メートル競走で金メダルが欲しければ、試合時間に試合会場にいなければいけません。その場にたどりつけなかった人間は、競争に参加できない。それが競争原理です。未来の世代はこの競争には参加できません。彼らがいない間に、競争のプレイヤーたちは使える資源を洗いざらい引き出すことができる。

この共同体の未来の世代がどうなるのかについて何も考えない人たち、それが今の日本では「リアリスト」だと名乗っています。でも、「未来を勘定に入れる」習慣を持たない人たちを「リアリスト」と呼ぶことに、僕はどうしても同意することができないのです。

第五講

学校教育の限界

愛国心教育の愚劣な「党派根性」

二〇一一年十月、滋賀県大津市で中学二年生の男子生徒が自殺しました。自殺の原因はいじめ。中学校や教育委員会の対応に問題があったとしてメディアで大きな話題になりました。続いて、二〇一二年十二月には、大阪市立桜宮高校でバスケットボール部の顧問がキャプテンに激しい体罰を加え、翌日にキャプテンが自殺するという事件がありました。この事件をきっかけに、体罰問題が全国的に議論されています。

これらの事件は、学校教育システムそのものが、いま制度疲労の限界に達していることを示しています。機械に例えるなら、プラスチックやゴムが劣化し、金属にサビが浮き、ボルトやナットが緩んで、ジョイントが割れたような状態です。日本中の学校が機能不全に陥っている。

制度のどこに問題があるのでしょうか。

僕は制度の根本がもう傷んでいるからだと思っています。「根本」とは何のことなのか。その話をしたいと思います。

日本の学校教育システムは、近代化の過程で生まれました。学校教育の責務は「国家須《しゅ》要《よう》の人材を育成する」「国民国家を担いうる成熟した成員を育てること」、それに尽くされます。勤め人でも農夫でも漁師でも公務員でも学者でも政治家でも、とにかく国家須要の人物を作り出す。われわれの生きるこの共同体を担い、支え、次の世代へと受け渡すことのできる若者たちを育てる。そのために学校教育は作られました。とりあえず明治以来、先の戦争で敗戦するまで、日本人はそう信じていました。

その社会的合意が失われた。それが「学校制度の根本が傷んでいる」という言葉で僕が言いたいことです。

今、人々が学校教育に求めるのは、「国家須要の人材の育成」ではありません。「自己利益の追求だけに専念する人間の育成」です。

共同体の公益のために学校は存在するという根本の合意が忘れられて、私的利益の増大のために学校は利用すべきものだというふうに人々は考えるようになってきてしまった。子供たちが学校で懸命に勉強するのは、「よい学校を出て、よい職に就いて、高い収入や地位を得て、レベルの高い配偶者を得る」ためだと、親も子供もメディアも教師までもが平然と口にするようになりました。学校教育の目的が自己利益の増大になったのです。国家とか共同体なんか、どうでもいい、と。

これは根本的な変化だと思います。もちろん、今も昔も、「最近の子供は利己的である。もっと公共的な利益を配慮し、愛国心愛郷心を持つように仕向けねばならぬ」というようなことを言う政治家や知識人はいくらでもいました。でも、僕が言っている「共同体の公益」というのは、そんな意味じゃありません。

彼らも「じゃあ、どうやって公益を配慮する子供を育てるのか」と問われたら、方法を知っているわけじゃない。どうにかして「公益を配慮する能力」を数値的に査定して、格付けして、「愛国心旺盛な子供には報奨を与え、愛国心のない子供には罰を与えよう」というようなことしか思いつかない。それが結局「自己利益を最優先する」というルールをさらに強化するだけでしかないということには気づかない。

今、「愛国心教育をしろ」とか「道徳教育が必要だ」とか言っている人たちの立てる政策がついに無効であるのは、「人間は報奨を求め、処罰を忌避するときに、その潜在能力を開花させる。だから人間を育てようと思ったら、『ごほうび』をより豪華なものにし、『処罰』をより残酷なものにするに如《し》くはない」という、「飴と鞭」「キャロット&スティック」の教育戦略の有効性を、彼ら自身が疑っていないからです。「人間は自己利益を専一的に追求する生き物である」という人間観に基づいて、「自己利益より公共の福祉を優先的に配慮する人間」を作り出そうとしたって、できるわけがない。

「公徳心」の多寡を子供に競わせて、格付けしようとして「じゃあ、今から一時間以内に道路に落ちている空き缶を一番たくさん拾ってきた子供にほうびをあげよう」という競争をさせて、最後にデッドヒートになって、空き缶数二位の子供が一位の子供の足をひっかけて、拾った缶をぜんぶ道路にぶちまけさせて、「勝った！」と飛び跳ねた場合、競争させた大人に、この子供に「どこが間違っているか」を説得するロジックがあるでしょうか。僕はないと思います。

愛国心教育の愚劣さはそこにあります。愛国心というのは、自分と共同体を共にする同胞たちに対する無条件の共感と愛情のことです。ところが実際に「愛国心を教育しろ」と叫んでいる政治家や知識人たちは、同じ日本人でも自分と政治的意見を同じくしない人間をつかまえては、「国賊」とか「売国奴」とか呼んで、「同胞」から簡単に排除しようとする。自分が無条件の共感と愛情を持てる人間の頭数をどんどん減らしてゆくことに懸命になっている人間を、どうして「愛国者」と呼ぶことができるのか、僕にはまったく理解できません。

彼らが愛しているのは「同胞」ではなく、「自分と自分の同志たち」だけです。彼らを駆動しているのは「愛国心」ではなく、ただの「党派根性」です。

もう一度言いますけれど、今の日本の学校教育の中には、「公共の福祉」ということを優先的に考えることのできる人々、自分たちが属しているこの共同体を存続させ、次世代に受け渡すことが何よりも大切な事業なのだ、学校教育の真の受益者は共同体であって、個人ではないということを、本気で信じている人間はほとんどいません。

「国民国家の次世代の成員の成熟を支援する」という教育目的は、まだ言葉としては掲げられています。でも、そのときに「この教育プログラムでよい成績を取った子供にはほうびを与え、点数の低かった子供には罰を与える」という格付けルールを採用しているのであれば、それはただ「自分さえよければそれでいい」という子供を組織的に作り出す以外に、いかなる結果ももたらさないということです。それに気づかないほど頭の悪い人たちが、教育行政の要路を占めている。そのことに僕は絶望的な気分になるのです。

共同体の運命か、自己利益の増大か

もう何度も書いていることですけれど、公教育の理論を整備したのはフランス人ですけれど、最初に制度として導入することに成功したのはアメリカです。でも、公教育の導入時にアメリカでは、強い反対意見がありました。開拓時代のアメリカ社会では、他人の支援を受けず、独立独歩で自己教育し、自己陶冶を果たす人間を「セルフメイド・マン」と称して、高く評価する文化がありました。その伝統文化に従うならば、公教育というのは問題の多い制度であるということになる。

「教育を受けたものが、それによって有用な知識や技術を身につけ、やがてしかるべき定職や定収を得るのだとすれば、学校教育は自己利益を増大させるためのものだということになる。だが、本来そのような機会は自己努力で手に入れるべきものであって、他人の支援を当てにすべきではない」

これは論破することのむずかしいロジックでした。学校教育は教育を受ける個人の利益を増大させる機会である以上に、共同体全体の利益をもたらすものであるということを説得するために、初期の公教育論者はずいぶん苦労したようです（結局、公教育論者たちも最後は「公教育を充実させると、文字が読めて、四則計算ができて、社会のルールをきちんと身につけた市民が大量に生まれて、彼らを雇えばあなたのビジネスは効率化し、彼らがそうして得た賃金で旺盛な消費活動をすれば、あなたのビジネスの売り上げは増大します」という利益誘導のロジックにすがってしまいました)。

今でもアメリカの大学はほとんどが私立ですが、日本では二五パーセントが国立大学です。それは明治維新のときからあと、教育行政の最優先課題が「欧米列強に植民地化されないための国づくり」だったからです。

幕末から明治初期にかけての青年たちの勉強ぶりは、すさまじいものでした。福澤諭吉の『福翁自伝』には、適塾時代の勉強ぶりについての回想が記されています。ある日諭吉が風邪をこじらせて横になろうと思って枕を探したら、見つからない。よく考えたら、過去一年以上床に横になって寝たことがなかったことに気がついた(毎晩、勉強しながら机につっぷして寝ていたのです)。

そのような過激な勉強は、自己利益を増大させるためというような脆弱《ぜいじゃく》な動機では果たせません。死ぬほどに勉強して、欧米の先端的知識を血肉化して取り込み、一日もはやく日本を近代化する。そういう共同体の運命が自分の双肩にかかっているという使命感が、彼らにそのような勉強の仕方を強いたのです。

明治初年の青年たちの勉強ぶりは、わずかの期間で大学での授業が、お雇い外国人教員による原語での講義から、日本人教員による日本語での講義に置き換えられたという歴史的事実からも、うかがい知ることができます。夏目漱石は、大学在学中はほとんどすべての授業を外国人教師から英語で受けました。日本語にはそれだけの学術情報を受け止めるだけの専門語彙が存在しなかったからです。けれども、加藤弘之や西周や中江兆民や福澤諭吉たちの超人的な努力によって、欧米の書籍が次々と翻訳され、日本語で専門教育ができるところまで日本語の語彙が豊かになりました。「社会」も「個人」も「哲学」も「科学」も「概念」も、そういった学術用語はすべてこの時期に彼らが訳語として作り出したものです。

でも、今の日本にそういう動機で勉強する若者がいるでしょうか。僕は懐疑的です。今どきの知識人は、自分だけがアクセスできる有用な学術情報を手に入れたら、それを誰も簡単にアクセスできるかたちに開くために汗をかくより、それを独占して、「小出し」にして、どれくらい自己利益が増すか、そちらのほうを先に計算します。

日本人全員が、自分が享受できた知的なアドバンテージを共有できるようにしたいというのは、愛国心の素直な発露です。明治の青年たちにはそれがあった。今の若者にはそれがないとは言いません。でも、そういうふうに「自分は愛国心によって、同胞の利益のために、勉強している」ときっぱり言い切れる学生はまず見つからない。心でそう思っていても、そんなことを口にしただけで、まわりから「変人扱い」されることがわかっているからです。

現代における学校教育の衰退は、端的に「学校教育の目的は私利の追求である」ということを、社会のマジョリティが信じるようになったことの結果です。全員がこれに加担している。教育行政当局も、政治家も、メディアも、財界人も、保護者たちも、そしてしばしば教師自身も。

いつから学校教育の目的そのものが、公共性を失ってしまったのでしょう。僕にはなんとなく、一九七〇年代あたりからのような気がします。

学校教育に希望を託した時代

一九四五年からあと、敗戦国民である日本人にとっての最優先課題は、国民国家の再建でした。信じられないような負け方をしたせいで、統治システムはぼろぼろになっていましたけれど、だからといって人々が自己利益を最優先にして、他者を踏みつけにする「万人の万人に対する闘争」状態が、戦後日本に現出したわけではありません。逆です。みんな助け合った。助け合わなければ生きていけないくらいに窮乏していたからです。みんなが「自分さえよければいい」と考えて利己的にふるまっていたら、全員共倒れになる。そこまで追い詰められていた。

利己的にふるまう個体だけが「いい思い」をできるのは、そこそこ安定的に統治され、公共の諸制度がそれなりに機能している場合だけです。上下水道もない、道路も通れない、通信も届かない、教育も医療も受けられないというような状況では、まず基礎的な社会的インフラの整備に全員で当たらなければ、利己的な個人でさえ生き延びることができなかった。

公共の福祉を自己利益より優先させるほうが、長期的には自己利益を安定的に確保できるという状況が、ときにはあります。ホッブズやロックの近代市民社会論によれば、それが市民社会の始点となる状況です。戦後しばらくの日本社会も、それに近いものでした。共同体のメンバーたちが一致協力して公共圏を維持しなければ、一人でじたばたしてもどうにもならない。敗戦のせいで、そこまで社会制度が壊れていたのです。

学校教育は戦後日本において、崩れた社会を再建するための最も基本的で、最も希望のある足がかりでした。人間を育てる仕事ですから、それほどコストがかかるわけではありません。「子供たちが成熟した市民に育って、戦争のない平和な社会を築くこと」は、大人たちに共通の願いでした。「戦争のない平和な社会」なんて、もちろん大人たちは知りません。彼らが育ってきた時代、日本はずっと戦争をし続けて、そして勝ち続けていた（という話を聞かされていた）。「戦争のない平和な社会の成熟した市民」なんか見たことがない。見たこともない市民を造型しなければならない。学校教育はそのためのものでした。

なにしろ、子供たちが享受しうる最大の自己利益は、「もう戦場に行かなくてもいい、もう空襲の下を逃げ回らなくてもいい」ということでした。とりあえずそれについて、大人たちの間には広範な意思一致がありました。そのために学校教育はあるべきだという「正論」に異議を唱える人を、子供の頃の僕は見たことがありません。

ですから、保護者たちは学校教育に実に熱心にコミットしておりました。教師たちとＰＴＡの役員が口角泡を飛ばして議論し、地域社会全体で学校を作り上げてゆこうという気概がありました。戦争を知らない子供たちこそは、日本の未来を担う「金の卵」だったからです。「君たちがこれからの日本を担うのだ」という言葉を、僕らの世代はほんとうに繰り返し聞かされました。

学校教育は、未来を担う子供たちを育成するための場であるという集団的合意は、まことに皮肉なことですが、日本が平和で豊かな国になるにつれて、しだいに忘れられてゆきました。地域社会のみんなが身銭を切って協力しなくても、基本的な社会的インフラは行政が整備してくれる。一人でも安全に暮らしてゆけるようになったら、地域共同体なんか「あっても邪魔なだけのもの」になりました。

資本主義は貧富格差の拡大を願う

その趨勢は、経済のグローバル化とともにさらに加速しています。グローバル資本主義は超高速で資本、商品、情報、人間が行き交うことをめざしています。単一の市場、単一の言語、単一の通貨に領される、完全にフラット化された市場が、グローバル資本主義の理想です。そのために障害となるものは、すべて排除する。

ですから、グローバル資本主義にとって最大の障壁は、国民国家であることになります。固有の国境線を持ち、固有の言語を持ち、固有の通貨を持ち、固有の商文化を持ち、固有の度量衡を持ち、固有の宗教や美意識や宇宙観を持ち、そのせいで固有の経済活動や消費傾向を持つ「国民」というローカルな塊は、グローバル資本主義からすればはっきり言って「ないほうがいいもの」です。

グローバル資本主義からすれば、堅牢な共同体の中で相互扶助、相互支援などされては困る。例えば、一人の人が自動車を持っていて、自分が使わないときには近所の人にキーを預けるから「使っていいですよ」というようなことをされると、自動車の市場が拡がらない。昔のように、電話の「呼び出し」というものがあって、近所の家のどこか一軒に電話があって、みんながそれを共有できたら、電話市場が拡がらない。個人が「オレのものはオレのもので、誰とも分かち合わない」という孤立した態度を取ってくれないと、消費活動は活性化しません。

ですから、市場は原理的に共同体の解体を願う。ことの良い悪いではなくて、それが市場にとっての自然なのです。文句を言っても始まらない。資本主義経済が進行すれば、共同体は崩壊する。それは水が高きから低きに流れるのと同じ、自然過程なのです。

お金持ちになった人が、「では、この余ったお金を貧しい人に施しましょう」というようなことをされると困る。売るものが「鉄鎖の他にはない」という状態の貧しい労働者なら、最低の賃金で雇うことができる。博愛的な人がお金をばらまいたせいで生活が楽になり、「もう奴隷的な労働はしなくていい」ことになると、彼らを働かせるためには雇用条件を引き上げなくてはならなくなる。人件費コストがかさむ。だから、グローバル資本主義は貧富格差の拡大を願うようになります。

それだけではありません。人間は貧しくなるほど消費行動が限定的になります。お金がないから、とにかく安いものを買うしかない。自分の好みとか「こだわり」とか、うるさいことはもう言いません。これはメーカーや小売店からするとたいへんありがたい顧客です。貧しい人は、定型的な消費活動に追い込まれる。企業はシンプルな工程で、ロット数の多い商品を出荷できれば、製造コストを大幅に切り下げて、収益を確保できる。「貧困ビジネス」という言葉がありますが、それは、グローバル資本主義は貧富格差の拡大を歓迎するという趨勢を示しています。世界中でひと握りの超富裕層に富が集積して、中産階級が没落して、圧倒的多数の貧困層が生まれているのは、それがフラット化する市場の最終形だからです。

それを実現する上で、国民国家は邪魔になる。国民国家なんか、グローバル企業からすれば、はっきり言って「要らない」んです。安い労働力を、社会的インフラの整備された場所で働かせたい企業からすれば、ビザだのパスポートだの永住権だのと、こうるさいことを言われたくない。

いいじゃないか、人間なんか好きなだけ移動すれば。就労機会を求めて、みんな故郷を捨ててしまって、そのせいで故郷の共同体が崩壊しても、いいじゃないか。本人が「いい」って言っているんだから。平たく言えばそういうことです。

もう国民国家というようなベタな共同体の担い手なんかを育成するために、貴重な国家資源を使うことはない。高い教育を受けていることは本人にとって大きな利益になるのなら、自分の金で教育機会を買えばいい。

ですから、グローバリストたちが教育について語るとき、彼らが言うのは要するに「公教育にはもう金を使うな」ということなんです。そんな「ばらまき」には意味がない、と。そうじゃなくて「選択と集中」なんだ。優秀なエリートには国家資源を集中的に投下して厚遇し、そうじゃない連中は自己責任でなんとかしろ、と。

ですから、彼らは日本の大学がいかにダメかということを喜々として指摘したあとに、「よい教育を受けたければ、ハーヴァードでもケンブリッジでもスタンフォードでも、自力で行けばよいではないか（うちの子は行っているぞ）」と平然と豪語します。海外によりよい教育機会を求めて出て行けるような機動力のある人間こそが、これからの支配階層を形成するべきだ、と。

彼らは本気でそう思っています。日本の学校がダメになっても、海外のレベルの高い大学に進学できる能力のある個人は少しも困らない。本気でそう思っている。ここにはもう「学校教育の受益者は個人ではなく、共同体である」という発想はかけらもかたちもありません。

日本という国が生き延びるための〝暴論〟

今、海外に教育機会を求める人の数は、どんどん増えています。ある雑誌が、子供を中等教育から海外の寄宿舎のあるインターナショナルスクールに送ろうとする親たちのための特集を組んだら、たいへんに売れたそうです。そういう志向が強まっている。

きっと親御さんたちは、「出来のいいわが子」がそういうところを卒業して、ぱりっと箔をつけて日本に帰ってきて、日本国内の劣等な学校教育しか受けられなかった「出来の悪い日本人」たちを見下すポジションにつくという未来を夢見ているのでしょう。

でも、この「エリート」たちは「出来の悪い日本人」に対して、たぶん何の共感も愛情も感じはしないでしょう。自分たちが受けた「すばらしい教育」の贈り物を、「出来の悪い日本人」と分かち合う気があるはずがない。

なにしろ、彼らが「海外のすばらしい教育」で得た知見や技術や人脈は、彼らを高いポジションに導くための「ツール」だったわけですから。その貴重な資源を、何が悲しくて「日本のろくでもない教育」に甘んじていた他人と分かち合わねばならぬのか。

海外で教育を受けてきた「出来のいい子供」たちは、帰朝後、自分たちが所有している文化資本の階層差形成力を、最大限に活用しようと願うでしょう。そのためには、自分以外の日本人たちはできるだけ知的に劣等であることが望ましい。

でも僕は、共同体の同胞が「自分より劣等であること」を願うような人間を、共同体のフルメンバーとして迎え入れたくはありません。共同体成員の条件は何よりもまず、「共同体そのもののパフォーマンスを最大化するために何ができるか」を考えることであって、「この共同体内部での自己利益を最大化するために何ができるか」を考えることではないからです。

でも、今日本で行われている教育論のほとんどすべては、「人間というのは自己利益を最大化するために、教育機会を利用する存在である」ということを、無謬《むびゅう》の前提にして話を始めている。その前提から出発する限り、何をやっても学校教育は破綻に向かう他ありません。

自己利益の最大化を優先すれば、人間は「自分さえよければそれでいい」という基準でふるまうようになる。そして、子供たちが共同体内部で限られた教育資源を競合的に奪い合っているのだというフレームワークで考えれば、そこからは「自分だけが教育資源を独占的に利用でき、自分以外のものはできるだけ教育機会から疎外されることを願う人間」しか生まれてきません。そして、現にこの社会は、そういう人間を続々と生み出しつつある。

繰り返し言うように、学校教育は「共同体の次世代を担いうる成熟した市民の育成」のためのものです。そのためには、できるだけ広く多様な教育機会が提供され、子供たち一人ひとりが、その潜在的可能性を豊かに開花できる仕組みを作らなければなりません。できることなら、子供たち全員がそれぞれの仕方で「天才」であるような仕組みを作りたいと僕は願っています。

別に理想主義の立場からそう言っているのではありません。僕のことを個人的に知っている人はよくご存じの通り、僕は非情なほどに計算高い人間です。その計算高い人間が言うのです。「成員たちがみな均質的であり、数値化できる能力に従って階層化された集団」よりも、「全員が天才であるような集団」のほうが、危機的状況を生き延びる確率が高い。

僕は生き延びたい。そのためには、共同体の若い同胞たちのできるだけ多くが賢明で、タフで、仲間を敬い、愛するような、頼りになる若者であってほしいと願っています。

お互いに足を引っ張り合ったり、自分さえよければそれでいいと、仲間を捨てて逃げ出すような真似はしてほしくない。そういうのは「よくない」ということを、もう一度常識に登録し直すためにどうすればいいのか、それを考えている。

僕は自分自身が生き延びるために、この日本という国が生き延びるために、学校教育は制度設計されなければならないという、当たり前のことを言っているだけです。それが奇矯な暴論だと取られるほどに、現代日本における教育の論議は歪んでいるのです。

第六講

コミュニケーション能力とは何か

ふつうはしないことを、あえてする

就活している学生が「これからは最も重視されるのはコミュニケーション能力だそうです」と言うので、「うん、そうだね」と頷きながらも、この子は「コミュニケーション能力」ということの意味をどう考えているのかなと、ちょっと不安になってきました。きっとこの学生は、「自分の意見をはっきり言う」とか「目をきらきらさせて人の話を聞く」とか、そういう事態をぼんやり想像しているのだろうと思います。もちろん、それで間違っているわけではありません。でも、どうしたら「そういうこと」が可能になるかについては、いささか込み入った話になります。

例えば、どれほど「はっきり」発語しても、まったく言葉が人に伝わらないときがあります。個人的な話をします。

何年か前にフランスの地方都市に仕事でしばらく滞在したときの話です。スーパーに行ってマグカップを買おうと、レジに行ったらレジの女性店員に何か訊ねられました。なんとなく聞き覚えのある単語なのですが、意味がわからない。

「え？　何です？」と聞き返してみたが、それでもわからない。二度三度と「え？」を繰り返しているうちに店員は諦めたらしく、肩をそびやかしてマグカップを包み始めました。どうも気持ちが片づかないので、カップを手渡されたあとに、レジの上に身を乗り出して、ひとことひとことゆっくり噛みしめるように、「先ほど、僕に何を訊いたのですか？」と問いかけました。すると店員もゆっくり噛みしめるように、「郵便番号を訊いたのだ」と答えた。「なぜ、郵便番号を？」と重ねて訊くと、「どの地域の人がどんな商品を買っているのか、データを取っているのだ」と教えてくれた。

郵便番号（code postal）というのは基本的な生活単語です。もちろん僕も知っていました。でも、それがスーパーのレジでマグカップを買うときに訊かれると、聞き取ることができない。ふつうレジで訊かれるはずの質問リストの中に、その単語が存在しないからです。

これはコミュニケーション不調の典型的な一例です。一方において意味が熟知されたこと、当然相手も理解してよいはずのことを口跡明瞭に発語しても、相手が聞き取ってくれないことがある。文脈が見えないからです。「スーパーのレジでは買い物に際して顧客情報を取ることがある」という商習慣を知っていれば、文脈がわかる。知らなければ、わからない。

このときに肩をすくめた女性店員に向かって、僕がレジに身を乗り出して、ひとことひとこと区切って発語したことで、意味のわからない単語の意味が明かされました。これが「コミュニケーション能力」です。そういうことを顧客はふつう、レジのカウンターではしないからです。

店員は僕がフランスの商習慣になじみのない外国人であることを察知して、なぜマグカップを買うのに郵便番号を訊くのか、その理由を教えてくれました。そういうことはふつうレジのカウンターで店員はしてくれません（うるさそうに肩をすくめて「バカか、こいつ」という顔をしておしまい）。僕は、彼女が僕のためにこの説明の労を取ってくれたことを多とします。これは彼女の側の「コミュニケーション能力」です。

つまり、コミュニケーション能力とは、コミュニケーションを円滑に進める力ではなく、コミュニケーションが不調に陥ったときに、そこから抜け出すための能力だということです。

今の例でおわかり頂けるように、それは「ふつうはしないことを、あえてする」というかたちで発動します。買い物客はふつうレジに身を乗り出して、店員の発言を確認しません。レジの女性店員たちはふつう、フランスのローカルな商習慣を外国人に説明しません。

僕たちは二人ともそれぞれが「ふつうはしないこと」をした。それによって一度途絶したコミュニケーションの回路は回復しました。こういうのがコミュニケーション能力の一つの発現形態だと、僕は思います。

「ふつうはしないこと」は、「ふつうはしないこと」という定義から明らかなように、マニュアル化することができません。それは臨機応変に、即興で、その場の特殊事情を勘案して、自己責任で、適宜コードを破ることだからです。コードを破る仕方はコード化できない。当たり前です。

同じような例をもう一つ。これもスーパーで買い物をしたときの話（今度は日本で）。スーパーのレジというのは、どうもコミュニケーション不調の多発地点のようです。

夕食の材料を買い込んでお金を払おうとすると、若い男の店員に「ホレーザ、ゴリヨスカ」と言われました。意味がわからないので、「え？」と聞き返しました。店員は同じ言葉を同じ口調で繰り返しました。三度目に聞いたとき、それが「保冷剤、ご利用ですか？」だということがわかりました。

同じような「聞き取りそこね」は、日々多発していると思います。でも、考えてみれば、このコミュニケーション不調は、客に聞き返されたときに、例えば「傷みやすい食材を冷やすために、保冷剤をお入れしますか?」と言い換えれば済むことです。「冷やす」という語が先に来れば、彼の滑舌の悪い「ホレーザ」が「保冷剤」であることは、おおかたの日本人にはわかります。

その手間を惜しんだところに、彼のコミュニケーション能力の低さが露呈しています。でも、これは彼の個人的な資質問題には帰すことができません。というのは、そのような「言い換え」を必要に応じて店員が自己責任で行うことを、日本の企業は好まないからです。管理部門は、フロントラインの人間が自己裁量で「マニュアルにあること以外の言葉」を口にすることを嫌います。そんなことをされたら、現場の秩序が乱れ、指揮系統が混乱すると思っているのです。こういう店の接客マニュアルを起案する管理職の人たちは、顧客と店員の間で取り交わされる対話はすべて予見可能でなければならず、店員はそこに指示された以外の言葉を口にしてはならないと信じています。

これは、現代社会に取り憑いた「コミュニケーション失調」の典型的な病態です。どうコミュニケーションすべきかについて事細かなルールや教訓があるのに、一度不調に陥ったコミュニケーションをどうやって再開させるかについての経験知はひと言も語られない。

それは、コミュニケーション能力というのが、「適宜ルールを破る」ことだからです。

「ふつうはしないことをする」ことだからです。管理者たちはそれを恐れるあまり、「ルール が破られるくらいなら、コミュニケーションなんか成立しなくてもいい」という判断に与《くみ》してしまう。ほんとうにそうなのです。

マニュアル化が生き抜く力を奪う

大学を辞めたのでもうしなくてよくなって、ほっとしていますが、センター入試の試験監督という仕事が大学教員にはあります。一センチほどの厚さのマニュアルを渡されて、それを熟読し、そこに書かれている通りに入試業務を進行するという、悪夢のような仕事です。僕は退職前には入試部長という仕事をしていましたが、試験前に読むことを求められた「責任者用マニュアル」は全六冊、片手では持てない厚さと重さでした。

その中で、年々頁数が増してゆくのが「トラブル対応集」でした。「試験中奇声を発する受験生」や『必勝』はちまきをしている受験生」や「強烈な香水をつけている受験生」をどう処遇すべきかが、そこには書いてありました。前年から増えた増補分は、おそらく「前年にどこかの会場であった実例」でしょう。でも、このペースで毎年改定を続けてゆくと、やがて「トラブル対応集」だけで数百頁の読み物となってしまうことに気づいた人たちがいて、「センター入試はもうやめよう」ということになった。制度廃絶の一因は、監督マニュアルの無限増殖にあったのだろうと、僕は推察しております。

「ありうるすべての事態を網羅的に列挙し、それについての個別の対応を精密にマニュアル化すべきだ」というのは、現代社会に取り憑いた病です。それもたいへん重篤な病です。まことに愚かなことだと僕は思います。

マニュアル信奉者は、マニュアルは精緻化するほどに浩瀚《こうかん》な書物となり、あるレベルを超えるともはや「取り扱い説明書」の用をなさなくなるという、当たり前のことに気づいていません。

でも、もっと重大なのは、マニュアルを精緻化することで、僕たちの社会は「どうしてよいかわからないときに、適切にふるまう」という、人間が生き延びるために最も必要な力を傷つけ続けているということです。そのことの危険性に誰も気づいていない。

もう一度繰り返しますが、コミュニケーション能力とは、この「どうしてよいかわからないときに、どうしたらよいかがわかる能力」の一種です。最も適切なやり方で、「コードにないことをする」「コードを破る」能力です。

僕たちが生きている間に遭遇する決定的局面は、すべて「どうしていいかわからない」状況です。結婚相手を決めるときも、就職先を決めるときも、乗った飛行機がハイジャックされたときも、神戸にゴジラが上陸したときも、僕たちは「こうすれば正解」ということをあらかじめ知らされていません。どうしていいかわからないけれど、決断は下さなければならない。人生の岐路というのは、だいたい「そういうもの」です。

わが国のエリート層を形成する受験秀才たちは、あらかじめ問いと答えがセットになっているものを丸暗記して、それを出力する仕事には長《た》けていますが、正解が示されていない問いの前で「臨機応変に、自己責任で判断する」訓練は受けていません。むしろ誤答を病的に恐れるあまり、「想定外の事態」に遭遇すると、「何もしないでフリーズする」ほうを選ぶ。彼らにとって「回答保留」は、「誤答」よりましなのです。でも、ライオンが襲ってきたときに「どちらに逃げてよいか、正解が予示されていないから」という理由でその場に立ち尽くすシマウマは、たいてい最初に捕食されます。ですから、秀才たちに制度設計を委ねると、その社会が危機を生き延びる可能性は必然的に逓減《ていげん》することになります。

コミュニケーションがうまくゆかないという人たちは、ほとんど例外なく、「ルールを破る」ことができない人です。立場が異なる者同士が互いにわかり合えずにいるのは、それぞれがおのれの「立場」から踏み出さないからです。自分の「立場」が規定する語り口やロジックに絡め取られているからです。

武道では、「立場にしがみついていること」を「居着き」と言います。そして武道の修業はその過半を、「居着きを去る」ための心身の訓練に割きます。

居着く人は、危機的状況に際会したときにも「どうしていいかわからない自分」に居着いてしまう。「恐怖している自分」「混乱している自分」に居着いてしまう。そして、それを死守しようとする。「居着くと死ぬ」というのは武道における基礎的な知見ですけれど、現代社会ではこの知見は集団的には共有されておりません。

むしろ、さまざまな制度は、僕たちに向かって「居着け」と命令している。「お前の立場から逸脱するな」「ジョブ・デスクリプションに書いてある以外のことをするな」「決められた台詞以外は口にするな」。それは短期的には効率的に見えるのかもしれません。でも、長期的に見ると、それが引き起こしているコミュニケーション失調のせいで、僕たちの社会制度はあちこちで綻《ほころ》び始めています。

その「綻び」をどうやってつくろったらいいのか。制度の外に仮説的に立場を移してみないと制度の瑕疵《かし》は見えてこないし、制度が破綻したところを修理補正するためにはどうしたらいいのかということは、制度内言語で書かれたマニュアルには書かれていません。

相手の体温を感じるところまで近づくこと

コミュニケーション失調からの回復のいちばん基本的な方法は、いったん口をつぐむこと、いったん自分の立場を「かっこにいれる」ことです。「あなたは何が言いたいのか、私にはわかりません。そこで、しばらく私のほうは黙って耳を傾けることにしますから、私にもわかるように説明してください」。そうやって相手に発言の優先権を譲るのが対話というマナーです。

でも、この対話というマナーは、今の日本社会ではもうほとんど採択されていません。今の日本でのコミュニケーションの基本的なマナーは、「自分の言いたいことだけを大声でがなり立て、相手を黙らせること」だからです。相手に「私を説得するチャンス」を与える人間より、相手に何も言わせない人間のほうが社会的に高い評価を得ている。そんな社会でコミュニケーション能力が育つはずがありません。

「相手に私を説得するチャンスを与える」というのは、コミュニケーションが成り立つかどうかを決する死活的な条件です。それは「あなたの言い分が正しいのか、私の言い分が正しいのか、しばらく判断をペンディングする」ということを意味するからです。

それはボクシングの世界タイトルマッチで、試合の前にチャンピオンベルトを返還して、それをどちらにも属さない中立的なところに保管するのに似ています。真理がいずれにあるのか、それについては対話が終わるまで未決にしておく。いずれに理があるのかを、しばらく宙づりにする。これが対話です。論争とはそこが違います。論争というのはチャンピオンベルトを巻いたもの同士が殴り合って、相手のベルトを剝ぎ取ろうとすることだからです。

対話において、真理は仮説的にではあれ、未決状態に置かれねばなりません。そうしないと説得という手続きには入れない。説得というのは、相手の知性を信頼することです。両者がともに認める前提から出発し、両者がともに認める論理に沿って話を進めれば、いずれ私たちは同じ結論にたどりつくはずだ、そう思わなければ人は「説得」することはできません。説得するためには、対面している相手の知性に対する敬意を、どんなことがあっても手放してはならない。そして、先ほどから述べている「コードを破る」というふるまいは、相手の知性に対して敬意を持つものによってしか担われないのです。

コミュニケーションの失調を回復するためには、自分の立場を離れて、身を乗り出す他にありません。僕はスーパーのレジで、文字通りつま先立ちになって、カウンターの上に身を乗り出して話しかけました。立場を離れるというのはそういうことです。相手に近づく。相手の息がかかり、体温が感じられるところまで近づく。相手の懐に飛び込む。「信」と言ってもよいし、「誠」と言ってもよい。それが相手の知性に対する敬意の表現であることが伝わるなら、行き詰まっていたコミュニケーションは、そこで息を吹き返す可能性があります。

コミュニケーション能力の発現の例を、最後に二つ挙げておきます。

凡庸な攘夷論者であった坂本龍馬は、開国論者である幕臣勝海舟を斬り殺すために、勝の家を訪れたことがありました。そのとき、勝は龍馬を座敷に上げて、「お前さんたちのようなのが毎日来るよ。まあ、話を聴くがいいぜ」と、世界情勢について長広舌をふるいました。龍馬は話を聴いているうちにたちまち開国論に転じ、その場で勝に弟子入りしてしまいました。龍馬を「説得」したのは、勝の議論のコンテンツの正しさではありません（龍馬には勝が語っていることの真偽を判定できるだけの知識がありませんでした）。そうではなく、自分を殺しに来た青年の懐にまっすぐ飛び込み、その知性を信じた勝の「誠」です。

幕末の逸話をもう一つ。

山岡鐵舟《てつしゅう》が、江戸開城の交渉のために、駿府《すんぷ》に西郷隆盛を訪ねて東海道を下ったときの話。薩人益満休之助《ますみつきゅうのすけ》ひとりを伴った鐵舟は、六郷川を渡ったところで篠原國幹《くにもと》率いる官軍の鉄砲隊に遭遇しました。鐵舟はそのままずかずかと本陣に入り、「朝敵徳川慶喜家来山岡鐵太郎総督府へ通る」と大音あげて名乗りました。篠原は鐵舟のこの言葉を受け容れて、道を空けて、鐵舟を通しました。

鐵舟と篠原では立場が違っていました。用いるロジックが違い、使うコードが違っていた。コミュニケーションが成立するはずのない間柄でした。けれども、鐵舟はそこに奇跡的に架橋してみせました。

このとき鐵舟は、篠原に次のようなメッセージを送ったのだと思います。

あなたがたから見たら私は殺すべき相手である。私はそれを理解している。あなたの立場であれば、それは当然だろう。だが、その判断を私に機械的に適用することを、今いっときだけ停止してはもらえまいか。判断を留保して、「目の前にいるこの男の言い分にも、あるいは一理あるのかもしれない」という仮説的な未決状態を採用してはもらえまいか。現に私は幕臣であれば決して口にすることのない「朝敵家来」という名乗りをなしているではないか。私は私のコードを破った。あなたはあなたのコードを破ってはくれまいか。

篠原に向かって鐵舟はそう言って「身を乗り出して」みせました。コミュニケーションを架橋したのは鐵舟の「赤誠《せきせい》」でした。僕はこのような力をこそ、コミュニケーション能力と呼びたいと思うのです。

第七講

弟子という生き方

師弟は対等な人間関係とは違う

――先生のお考えになる「師弟論」というのを、教えていただけないかなと思っております。

内田　僕が「師弟関係」についてあれこれ語ってきているのは、それなりの歴史的な文脈の中でのことです。日本に限らず、どこの国でも今や最も希薄になった人間関係って、主従関係と師弟関係じゃないかと思うんです。たぶんそれが、近代市民社会の中でいちばん衰えてしまったものです。

主君に仕えるとか、師匠に師事するとか、圧倒的な上位者に全幅の信頼を寄せて、まるごと身を委ねるというタイプの人間関係は、近代市民社会における契約関係とは異質なものです。

契約関係ですと、自立した個人が別の自立した個人に、「あなたがこういうようなサービスを提供してくれるならば、これこれの対価を支払う」という約束を取り交わす。契約というのは、商取引モデルに準拠した人間関係です。でも、主従関係も師弟関係もこの契約関係ではない。親子関係もそうですけれど、あらかじめ報奨とその代価を示すことができない。

そもそも親と子、主君と臣下、師匠と弟子の関係は、対等な人間同士ではありません。はじめから非対称な関係です。イーブン・パートナー同士の契約は成り立たない。

近代市民社会というのは、おおざっぱに言えば、すべてが等権利的な個人間の契約で成立する社会です。非対称的な関係は市民社会とは食い合わせが悪い。対等な個人の間の商取引モデルでは、主従も師弟も語ることができない。ですから、市民社会内部にだんだん居場所がなくなってしまった。

おかげで世の中すっきりして、わかりやすいシステムにはなったんです。でも、全部が全部対等な個人間の契約関係になってしまうと、共同体の存続にかかわるような枢要な知恵や技術の継承ができない。それが現代社会の危機の実相ではないかというのが僕の仮説なんです。

「努力と報酬」が相関しない関係

内田　少し前までですと、「親分子分」関係というのがどこにも残存していましたね。どんな会社にも派閥があったし、自民党の派閥なんかその典型的なものでした。若い人が入ってくると、とりあえずどこかの「一家」にわらじを脱ぐ。そこで「一宿一飯」を供される。その社会で生きるための基礎的なノウハウを教授される。そこで「雑巾がけ」をしているうちに、だんだん重用されるようになり、修羅場をいくつかくぐって功績を残すと、幹部に抜擢されて、そのうちのれん分けされて、自分の一家を構えるようになる。そういう疑似家族的な、教育的機能をも備えた制度があったわけですけれど、それはもうなくなった。

自民党はもう派閥がほぼ機能しなくなりましたけれど、これは小泉純一郎あたりからですね。彼自身が自分の派閥を持っていなかった。子飼いの子分たちというものを持たない一匹狼だった。一族郎党を日頃から扶養しておいて、「いざ鎌倉」というときに引き具してゆくという政治家ではない人が総理大臣になったというのは、あの人が最初じゃないですか。今の五十歳代以下では、「親分」と言って慕ってくるような若い衆を抱えている政治家は、もうほとんど絶無でしょう。

派閥っていろいろ悪く言われましたけれど、僕はそれなりの有用性を認めたいと思います。

集団としてのパフォーマンスを上げるためには、自分はそこで何をしたらいいのかを知る必要がある。そのためには、「集団の中の自分」を少し外側から眺めるという知的訓練が必要です。ただ「親分、どこまでもついていきます！」と言って、忠臣面をしているだけではダメなんです。自分の大将にちゃんと出世してもらわないと、自分にも「トリクルダウン」の余沢が回ってこない。だから、「大将を担ぐ」ということをしないといけない。神輿《みこし》と一緒で、みんなが呼吸を合わせ、一種の共身体的な複合構造体を形成しないと、大将をうまく「担ぐ」ことができない。それを訓練するうちに「チームで働く」というのはどういうことかを学んでいった。

上は下に担がれ、下は上に引き上げられる。これは努力と報酬の相関関係とはちょっと違うんです。神輿を担ぐのは個人じゃないから。集団を作らないと担げない。

商取引では消費者は個人です。自分が欲しいものを、貨幣を差し出して購入する。でも、

「担ぐ」主体は個人じゃありません。集団です。与えられる報酬も個人宛てに、努力した分に相関して「払い戻し」が約束されているわけじゃない。論功行賞というのは、それほどわかりやすいものじゃありません。どんな場合でも、「オレはこんなに努力したのに、報われなかった」と思う人間が出てくる。というか、「子分」たちの大半は潜在的にはそう感じている。「一将功成りて万骨枯る」というのは、「神輿を担いだ」側の人間たちの偽らざる主観的実感なんだと思います。

つまり、親分子分関係においては、原理的に努力と報酬は相関しない。そのことをこの古諺《こげん》は教えているんだと思います。昔からずっとそうなんです。でも、ぶつぶつ文句を言う子分たちは、自分たちが親分のためにまだ何もしていないとき、一家にわらじを脱いだときに、すでに「一宿一飯」の贈与に与《あずか》ったことをつごうよく忘れている。

戦国時代に孟嘗君《もうしょうくん》という君子がいました。食客五千人と呼ばれるほど、人を寄食させていた。何か才能があると思ったら、礼を尽くして家に迎え入れ、手厚く供応した。その孟嘗君にこんな逸話があります。

孟嘗君が食事のときに、自分と食客との間に衝立《ついたて》を置いたことがありました。すると食客の一人が「自分だけうまいものを食べて、食客にはまずいものを食わせているから隠すのだろう」と疑うということがありました。実際には主客とも同じ料理を食べていて、疑った食客はそれを恥じて自刎《じふん》して果てたそうですが、今から二千年以上前でも、居候が（まだ何も功績を上げていない段階で）「オレの貢献」に対する報酬が少なすぎるのではないかと疑うというメンタリティが存在していたことがわかります。

先ほど、個人と個人の間の「貢献とそれに対する対価」の商取引的な契約関係は、近代市民社会になってから一般化したと言いましたけれど、実は二千年以上前から、人間関係を商取引に準拠した等価交換でとらえようとする人たちは、そこそこいたわけですね。でも、それに対して「そういうのはよろしくないよ」という抑制がかかっていた。親分子分、主君と臣下の関係というのは、そういうビジネスライクなものではないということについての、ひそやかな社会的な合意があった。

もちろん主従関係や親分子分関係にも、合理的な要素はあったんです。努力と報酬がそれなりに相関するということはあった。でも、それはあらかじめ「こういう貢献をしたら、しかじかの報酬を約束する」というクリアカットな契約ではなかった。「あらかじめ」ではなく、事後的に、多くの臣下や子分が「自分の努力は高く評価された」と感じるかどうか、そこが問題だったわけです。部下に「万骨枯る」といった虚無的な気分を与える将軍はそれによって、外形的には軍功があり、その時点ではちやほやされたかもしれないけれど、歴史の中ではその名誉を剝奪されている。

契約関係だったら、「契約通り」か「契約違反」しかありません。でも、主従関係や親分子分関係には、そもそも契約がない。契約がないにもかかわらず、「努力と報酬が相関した」と思う人間と思わない人間が出てくる。そして、「名将」とか「明君」と呼ばれるのは、部下臣下が揃って「努力と報酬が相関した」と思わせることができた人でした。変な話ですけれど、事前の契約が存在しないにもかかわらず、事後において契約があたかも十全以上に履行されたかのような「印象」を残すということがあった。それができるのが立派な君主であり、できた親分だということになった。

不思議なメカニズムです。彼らは契約を正しく履行したがゆえに尊敬されるのではなく、したことのない契約を果たしたかのように思わせたことで尊敬されている。

僕はここが主従関係の「かんどころ」だと思います。問題は「事後的に」というところなんです。主従協力して大きな事業を成し遂げたあとに、振り返ってみると、まさに自分自身が「このこと」をしたいとずっと望んでいたように思えた。「実はこれがやりたかったのだ」とあとになってから思う。自分ひとりで心に秘めていたパーソナルな希望が、こうして公的に実現したのだと思える。臣下部下にそう思わせることのできる君主や将帥が、「偉大」なリーダーだということです。契約を履行してみせたから偉大であるのではないのです。してもいない契約を履行したように思わせたところが偉大なのです。
この組織のダイナミズムが、もうすっかり見失われましたね。そういう基準から人物を判定するという習慣そのものが失われてしまったのが現代社会だと思います。

ほんとうの人間的能力は「事後」にしかわからない

――二〇〇〇年代に入ってからですね、そうすると。

内田　そうだと思います。誰も指摘しないことなんですけれど、社会の根源的な再編が進行しているんだと思います。
空間的な比喩で言うと、組織が解体して、個人の「砂粒化」が進行している。時間的なフレームワークで語ると、今いくつか例を挙げたように、「長い時間が経ったあとになって、事後的に自分がしたことの意味がわかる」というようなかたちの、行動の意味や価値を回顧的に査定するという習慣が失われた。

今の人たちは、自分がこれから行うであろう努力について、始める前に「値付け」を要求する。そういうことができるのは、自分がこれから何をするか、自分のすることにどういう意味があるか、どういう価値があるか、行動を始める前からもうわかっている、そう思っているからです。

でも、これは典型的に商取引的な発想なんです。ものを売り買いするときは、売り手は商品の価値をあらかじめ言うことができなければならない。「君が売っているこれは何の役に立つのかね?」と訊かれて「わかりません」と答えるような商人から、ものを買う客はいません。売り手は自分の売り物については、必ずその仕様や効用をぺらぺらとしゃべってみせなければいけない。現代人はみんなそう思っています。ですから、就活で「自己PR」とかやらせるんです。そういうバカげたことができるのは、人間的能力は値札のついた商品として売り買いされるものだという思い込みがあるからです。でも、そういう発想が支配的になったのは、ほんとうに近年のことなんです。ほんとうの人間的能力は事後にしかわからないというのが、それまでの常識だったんです。だから、自分を売り込むときにも「あなたにはどんな能力があり、それは何の役に立つのですか?」という質問に、「よくわからないのですが、何か思いがけないときに役に立ちそうな気がします」という答えが許された。

先ほど名前が出た孟嘗君は、「鶏鳴狗盗《けいめいくとう》」という故事で知られた人です。こんな話です。

彼が養っていた食客の中には、いったい何の役に立つのかわからない変な才能の人がたくさんいました。あるとき孟嘗君が、秦王の宝物殿から自分が献上した狐の毛皮を取り返す必要が生じたことがありました。そのとき食客の一人に「泥棒の名人」がいて、自分が宝物殿に忍び込んで取り戻してきますと請け合って、みごとにその仕事を果たしました。その後、秦王に追われて国を逃げ出すことになったとき、孟嘗君一行は函谷関《かんこくかん》で足止めを食らいました。関の門は夜が明けないと開かない。でも、秦王の追っ手は背後に迫っている。万事休したときに、食客の中に「ニワトリの鳴き真似の名人」がいて、コケコッコーと偽りのときをつくって、関の番人がそれに騙されて門を開き、一行は無事に逃げのびた。

これが「鶏鳴狗盗」という故事です。人にはどういう才能があるのかは、あとになってみないとわからない。現代企業の人事担当者なら、「キミにはどんな能力があるのかね」と質問して、「泥棒」とか「鳴き真似」とか答えたら、まず採用しないでしょう。それがいつどこでどんな役に立つのかが、今の段階ではわからないからです。今の段階でどういう役に立つのかがわからない才能は、ゼロ査定するというのが現代の風儀です。

実際には、長い時間をかけて、さまざまな機会に遭遇し、想像を絶した状況に投じられたあとに、それぞれの才能は開花する。でも、商品にはそういうことはありません。時間が経てば時代遅れになり、品質も劣化するだけです。でも、人間は商品じゃありません。時間の中で劇的に変化する。人間というのは「化ける」んです。

「鶏鳴狗盗」が教えるのは、好機を得てはじめてその才能が花開くこともある、ということです。それまでどんな価値があるか知れなかったある種の個人的な「傾向」のようなものが、特異な経験を通過することで「受肉」する。ニワトリの物真似をする食客だって、函谷関の門を開いてみせるまで、自分の特技に主君を救うほどの力があるとは知らなかった。この経験がなければ、たぶんこの人は何者でもないままに、自分が何をなしえる人間であるかを知らぬまま、人生を終えたでしょう。

主従関係とか、師弟関係というのは、「人間は変化する」ことに軸足を置いた人間関係です。関係が始まる時点では、その人が何者であるかということは、ほとんど問題にならない。何者でもなくて構わないんです。それからあと、時間をかけて、熟成してゆくんですから。

現代の親子関係は商取引に準拠する

内田　でも、そういう長いタイムスパンの中で、未熟で非力な若者が成熟して一人前になってゆくという「次世代育成戦略」は、もう現代社会では例外的なものになりつつある。第一、近代家族というのがもう次世代育成の場ではなくなっている。

フェミニストたちがめざした通り、もう家族の中には権力関係がありません。非対称的な関係はあってはならないということになった。家族全員が対等の個人であり、その中での営みは原則として契約に基づいてなされなければならないという考え方が、「政治的に正しい」ものになった。親には子供を扶養する義務はあるけれど、成熟を支援する義務はない。そう考える人がたぶん多数派でしょう。

もちろん、親がきびしく子供に勉強させたり、ピアノを習わせたり、水泳教室に通わせたりということはしているけれど、別に子供を成熟させたくて、そうしているわけではありません。同学齢集団の中の相対的な優劣の競争で、少しでも高い格付けを得させたいと思ってやっているだけです。それも、大義名分としては「子供のため」と口では言うけれど、実際には違います。「家庭」という名の「ファクトリー」から出来のいい「製品」を出荷することで、「ファクトリー」としての格付けを上げたいという、親の側の自己都合なんです。

家族の全員が対等であり、それぞれ堂々と自己主張し、隠しごとをせず、対話的に家族のありようを決めてゆくというようなことを「理想の家族」だと言う人がいますが、そんな家庭で子供が成長できるはずがない。それは商取引に準拠した家族だからです。

メンバーそれぞれが互いに対して、「これこれの利益供与を自分にしてくれたら、かわりに代価を払う」という契約になっている家庭が、なぜ理想の家庭なのか、僕には理解できません。それなら、「お前が必死に勉強して、よい学校に入ったり、必死に練習して、アスリートやアーティストとしてよい業績を上げて親の顔を立ててくれるなら、それに対して親の愛を提供する。親の顔をつぶすようなことをする子供は、親からの愛情も気づかいも期待してはならない」というようなことを言う合理的な親が、「よい親」であるということになる。市場における商品と代価のやりとりと同じことが行われているのが「よい家庭」だということになる。

フェミニストたちは、人間関係を経済用語で語るのを好みます。だから、契約関係で結ばれた親子や夫婦のありようを、理想的だと考える傾向にあります。でも、その前提に「今ここでの自分の有用性や価値」を開示できないものは、取引の場から排除されてもしかたがないという予断を語っていることを忘れている。

彼らの唱える「親密圏」構想というもののピットフォールは、そこにあります。近代家族は成員間に権力関係が発生するからよくない。だから対等なメンバーたちで集団は構築されるべきである、と。高い見識を持ち、十分な収入があり、趣味のよい人間同士で相互支援・相互扶助のコミュニティを作れば、もう家族なんか要らないじゃないかという話になった。そう聞いて、「ああ、それは結構な話だ。じゃあ、もう家族なんか要らない」と信じた人がけっこうたくさんいました。実際に、そういう流れの中で家族が解体して、個人の原子化・砂粒化が急速に進行していったのです。

「弱者の居場所＝家族」の解体

内田　でも、何度も申し上げているように、本来、家族というのは、幼児や老人や病人を抱え込んでいるものです。そういう弱者にもフルメンバーとしての「居場所」を保障するのが、家族の本来の責務であるわけです。幼くて自分の食い扶持が稼げなくても、老いて働きがなくなっても、病気になっても、失職しても、それでもちゃんと暮らしていけるために家族がある。

ですから家族内では、メンバーたちの立場は非対称であるのが当然なわけです。あるものは働いて家族を支え、あるものは「フリーライダー」として寄食している。けれども、誰もそれに文句を言ったりはしない。それは、幼児は「かつての自分」であり、老人は「いずれそうなるはずの自分」であり、病人や障害者は「そうなった可能性のある自分」だからです。そういう自分の「変容態」たちと、ネットワークを形成していた。健常な成人がオーバーアチーブするのは、かつて自分が幼児であったときに、健常な成人がそうしてくれたし、これから自分が老人になるときにも、健常な成人たちがそうしてくれるはずだからです。そういう経年的な仕事の受け渡しの中で、家族共同体は成り立っていたのです。

契約共同体では、この土台が崩れてしまう。契約であれば、市場と同じように、サービスと代価が等価交換されなければならない。

フェミニストの理想とする親密圏では、メンバーは失職したり、障害を負ったり、資産を失ったり、精神を病んだり、変な宗教に入ったりして、まわりに迷惑をかける立場になったら、もうそこにはいられません。弱者が他のメンバーに一方的に依存することを許したら、そこに非対称的な権力関係が発生するからです。

扶養被扶養、保護被保護という権力関係が生まれるなら、近代家族と変わらない。だったら、弱者には出て行ってもらうしかない。彼らが親密圏から叩き出されて、路頭に迷い出たあとの面倒は行政が見ればいい。だから、社会保障を充実させろ。親密圏論は、ですから、まっすぐ社会福祉充実論につながります。

でも、僕はこういうのはいくらなんでも不人情じゃないかと思うんです。家族というのは、まさにそのメンバーが病気になったり、失業したり、変な宗教やイデオロギーにかぶれたときの、最後のセーフティネットであるはずのものだからです。家族が非対称的であることを禁じたら、弱者にはもう居場所がない。弱者の面倒は行政が見ろ、そのために高い税金を払っているんだからという言い分は合理的かもしれませんけれど、僕はそういう考え方にはどうしても賛同できない。

国家が弱者を組織的に救済すればいいという考え方は、左翼的な理想主義によく見られるものですけれど、僕はこれには留保が必要だろうと思っています。というのは、もし、そういう立派な国家ができて、弱者を組織的・効率的に救済してくれると、そのときもう市民個人には「すること」がなくなってしまうからです。隣人が苦しんでいても、行政に電話一本かけて「なんとかしてやれよ」で済む。市民は隣人を支援し扶助する義務から免ぜられる。正義がつねに実現し、悪は必ず罰せられる社会では、人々は目の前でどんな悪事が行われていても、それを黙って見過ごすようになる。だって、すぐに警察がやってきてきぱきと犯人を逮捕して処罰してくれることがわかっていたら、あえて危険を冒してまで、悪事を阻止する必要なんかないから。それと同じです。

行政はもちろん弱者を支援すべきです。でも、それは個人の責任がなくなるということを意味するわけではありません。どんな場合でも、個人の責任はなくならない。

でも、家族や隣人を支援する倫理的義務は、社会契約には書かれていない。「自分には義務がある」と感じたものが、オーバーアチーブを引き受ける。道路に落ちている空き缶を拾うのと同じです。それは自分の仕事ではない。そのまま放置していても、誰からも責められません。でも、それを拾うのは自分の仕事じゃないかと思う人がいれば、道路はきれいになる。こういうふるまいは、「共同構成員は全員対等であり、同じだけの権利と義務を有している」という前提からは導かれない。自分には「他の人より多めの義務があるんじゃないか」と思う人にしか、オーバーアチーブは担えない。

「次世代へのパスをつなぐ」から始めよう

内田　僕は別に、単発のものとして「師弟論」を語っているわけじゃないんです。そうではなくて、「強者の責務」＝ノブレス・オブリージュという観念がなくなり、そのせいで「弱者の居場所」がなくなりつつある現代社会の実相に対して、危機感を抱いているからです。

今の日本社会には、若い人たちの成熟を支援するという発想が欠如しています。就活を見るとわかりますが、若年労働者は、端的に企業に収益をもたらすための「資材」として扱われている。非人間的な雇用環境に投じられて、心身ともにぼろぼろになるまで働かされて、身体を壊したら、そのままお払い箱にされる。

「グローバル人材育成戦略」と称して、互換性の高い、規格化された労働者を大量に作り出すことが奨励されているのは、そういう労働者が供給されれば、雇用者の側は「お前の換えなんか、いくらでもいるんだ」と言えるようになるからです。いくらでも雇用条件を切り下げられる。

それは、企業の収益を上げるためには合理的な選択かもしれませんけれど、国民国家の将来を考えたら、若い人を使い捨てにしてよいはずがない。彼らが市民的成熟を遂げて、家庭を持ち、子供を育て、親族や地域社会のフルメンバーとして公共的な責務を担ってくれないと、共同体は保ちません。

でも、共同体をどうやって長期にわたって存続させるかということについて、グローバリストたちは何も考えていない。こんなことを続けて、階層格差が拡がり、若い人たちが貧困化して、国内市場での消費意欲が減退しても、「アジア新興国市場があるから大丈夫」だと思っている。

——ほんとう、そうですね。

内田　行政はたしかに、最低限の生活を保障することまではできるけれども、若い人たちを成熟に導くという教育の仕事は担いきれない。教育というのは、非対称的な関係の中で、上位者が、未熟で非力な若者を一方的に保護し、支援するというかたちでしか始まらないからです。

そうやってはじめて、次世代を担うことのできる後継者を育てることができる。年長者は自分が持っている生きるための知恵と技術を伝える。それをさらに次の次の世代に伝えるために松明《たいまつ》を手渡していく。そういう長い時間の流れの中での「パスの手渡し」という物語がないと、教育というのは成り立たないんです。

でも、行政は、そういう「物語」を持っていない。ただ、「お金がないから助成してください」と言うと、「じゃあ、この書類を書いて出して」でおしまい。「技術を身につけたい」と言ったら、「じゃあ、授産施設に行ってください」と言って終わりです。法律で決められた支援事業を、要件を満たせば行うということと、年長者が個人的に非力な人を庇護し、支援し、市民的成熟を支援するということは、まるで違うことなんですよ。

現実には、行政の負担はどんどん大きくなっている。でも、それは原理的に「ミニマム」のものでしかない。未熟で、非力な若者たちは、彼らを支え、導くことが自分の個人的な責務だと思う人たちが出てこないと、成長できないし、社会的な力も身につかないんです。ただ力が足りない人の欠落部分をオンデマンドで補塡し、公的な支援をしているだけでは、彼らがそのまま五十代、六十代、七十代になっても、外側は老人だけれど、中身は中学生みたいな中高年層が出現してくる。いや、僕はほんとうにそれを恐れているんです。

問題は、若者が今どうこうということじゃなくて、この未熟な若者たちが、一定の時間が経過したのち、必ず「未熟な老人たち」になるということなんです。そういう人たちが数百万単位のヴォリュームゾーンを形成していったときに、国民国家は維持できるのか。今の三十代、四十代を見ると、ほんとうに心配になるんです。

でも、これは彼らの個人的責任じゃない。社会全体の趨勢の中で、いわばイデオロギー的に作り出された未成熟だからです。

日本社会全体がその集団性格として、「未成熟・利己的」なものになりつつある。それは制度の欠陥とか統治者の不注意とかの結果ではなく、「そういう社会集団」を作り出そうという積極的な意思の産物なんです。国策として、二〇年、三〇年かけて作り上げた「作品」なんです。国民みんなが未成熟で、非知性的、利己的であるほうが「自分にとっては都合がいい」と思った人たちが、久しく日本のシステムを支配してきて、その方向に舵を切ってきたから、こうなった。

僕は、この流れはどこかで補正しなければいけないと思っています。でも、どこから手を着けたらいいのか。とりあえず僕個人でもできることといったら、非対称的な人間関係の再構築だろうと思ったわけです。

縦軸の人間関係を取り戻す。主従関係、師弟関係、あるいは親子関係でも、先行世代が後続世代の成長を支援するために存在する仕組みを、もう一度賦活《ふかつ》する。年を取ってきて、権力や経済力や文化資本をそこそこ多めに持っている人は、若くてまだそういう社会的資源を持てない人を個人的な「バディ」として選び出して、支援してゆく。その程度のことでしたら、誰にでも今日から始められると思うんです。

それは、商取引的な関係ではない。サービスと代価のやりとりでもない。一方的な贈与です。でも、それはただの「持ち出し」じゃありません。僕たちが先行世代から贈与され、支援されてきたことへの「お返し」だからです。「パス」されたから「パス」を回す。それだけのことなんです。パスをつなぐ。でもそれは、人間関係を商取引としてしか構想できない人間には理解できない「物語」です。

資源を奪い合った「男女雇用機会均等法」

――今の四十代、三十代が、そのターニングポイントとなったような、社会的な現象というのは何かあったのですか。

内田　八〇年代からだと、バブル経済もありましたし、「男女雇用機会均等法」が一九八五年でしたね。

「男女雇用機会均等法」というのは、それまでの伝統的な性役割を解体したものでした。男女の性差をなくした。労働単位としても消費単位としても差別をしないということになった。人間はその性別によってではなく、「どれほどの価値の製品を生産するか」「どれほどの価値の商品を購入するか」によって格付けされるべきであり、それ以外の人間的属性は、年齢も性別も国籍も宗派もイデオロギーも、社会的格付けに関与すべきではないという考え方が登場してきた。

社会の成員は、全員が同一の欲望を持っており、全員がその個人的能力に応じて、手に入る「欲しいもの」の多寡が決まるのだという話になった。年齢がいくつであろうと、性別がいずれであろうと、みんないい家に住んで、いい服を着て、美味い飯を食って、贅沢な暮らしをしたいという点では変わらない。ただし、国民資源には限りがある。だから、その分配は個人の能力に応じる。そういうルールでやりましょう、それがフェアネスというものだという話になった。一億三〇〇〇万人が同じ度量衡で能力を考量されて、一番から一億三〇〇〇万番まで一直線に階層化され、ナンバリングされるのが「公平な社会だ」

と。

僕は雇用機会の均等化には異論はありませんけれど、この法律の制定を急いだ人々の底にある人間観には、さっぱり共感できませんでした。この法律は男も女も「権力が欲しい、金が欲しい、出世がしたい」という点では変わらないのだから、競争機会を均等にしようという趣旨でした。僕はこの命題の前半に強い違和感を覚える。「どうせ、みんなお金が欲しいんでしょ？」と訳知り顔のにやにや笑いを見せられたようで、ひどく嫌な気分になった。

お金が欲しい、権力が欲しい、文化資本が欲しいという人たちは、「フェアな競争」をされればいい。でも、「誰もみんな同じものを欲しがっているのだから」というふうに言われると、簡単には頷けない。

なぜなら人類は、数万年前から「どうやって誰もがみな同じものを欲しがらないようにするか」、そのための知恵と工夫を積み重ねてきたからです。欲望を「ずらす」ことによって、有限な資源を競合的に奪い合うという暴力的な事態の出来を回避してきた。その人類史の経験則を、「みんな金と地位が欲しいんでしょ？」と一蹴されたことに、強い不快と不安を感じたのです。

どうやって欲望を散らすか、それが人類の叡智の見せどころでした。食文化がわかりやすい例です。隣の社会集団の人々とは「違う食材」を「違う調理法」で食べる、それが食文化です。隣が稲を食べるなら、こちらはトウモロコシを食べる。隣がイモを食べるなら、こちらは豆を食べる。隣の集団が食べているものが「ジャンク」に見えて、「よくそんなものが食えるな……」と顔をしかめてみせる。そういうふうに欲望を「ずらす」ことによって、有限な食資源の競合的奪い合いが起こらないように工夫してきた。

生態学的地位（エコロジカル・ニッチ）を少しずつずらす。それが、有限の資源を共有しなければならない生態系を生きる生物にとっての最適解であるということは、人類史的には常識なのです。

「みんなが同じものを欲望するのだから、奪い合いをフェアに行おう」というのは、表面的には合理的に聞こえますが、人類学的スケールで見たら「自殺行為」と言う他ない。どうやって「みんなが違うものを欲望する」仕組みを作って、「奪い合い」を回避するかに人類が数万年も知恵を絞ってきたという事実を、一顧だにしないのですから。

フェミニズムと資本主義は相性がいい

内田　でも、僕たちが生きているグローバル資本主義社会は、まさに「人類史の叡智を捨てる」ことの上に成立しています。グローバル資本主義がめざす「フラットな市場」は、地球上の七〇億人が単一の市場を形成し、同じ商品に対して、同じような欲望を抱くことを理想に制度設計されています。七〇億人全員がそれぞれ欲しいものが違うせいで、うまくばらければ、全員が欲しいものを手に入れられるような仕組みではないんです。七〇億人全員が「欲しいものが手に入らない」ことの羨望と欠落感で身を灼くような仕組みを作り出そうとしているのです。

もちろん、そのほうが企業の収益が増えるからです。同一商品に群がる消費者が増えれば増えるほど、製造コストは下がり、価格は上がる。世界中の人が同一の商品を欲望する。その在庫が一掃されると、次の商品に欲望が集中する。それが売り尽くされたら……というサイクルの無限の反復こそが、グローバル資本主義の理想です。ビジネスモデルとしては合理的です。でも、人類学的スケールから見ると自殺的なストーリーです。

男女雇用機会均等というのは、求人数がそのままで求職者が二倍になるということですから、雇用する側からすれば、換えが利くようになったから、雇用条件を切り下げることが可能になった。だから財界が法律の制定にあんなに熱心だったんです。ビジネスマンが社会正義の実現のために法律の制定を急がせるわけがない。

——フェミニストは、もう諸手を挙げて賛成しましたね。

内田　フェミニズムと資本主義は相性がいいんです。人間は男も女も、誰でも権力が欲しくて、金が欲しいのだという話で、父権制イデオロギーや母性愛イデオロギーを武装解除してきたわけですから。

——なるほどね。それで、今おっしゃった、「男女雇用機会均等法」があり、バブルがあり、バブル経済破綻でいろんなものが壊れていきましたよね。

内田　従来の社会組織は、親族組織も地域共同体も、終身雇用・年功序列タイプ、昔の大《おお》店《だな》みたいなタイプの擬似家族的な企業共同体も、みな解体してしまいました。

市民の「原子化」というのは、前にもお話ししましたけれど、マーケットにとってはまことに歓迎すべき事態であったわけです。「身内」で家財を「使い回し」することができなくなり、それまで「身内」に頼んでいたサービスも商品として購入しなければならなくなった。市民が共同体から離れて、スタンドアロンで暮らすようになると、市場はどんどん拡大してゆく。だから、市場は共同体の解体を要求するようになる。でも、そういう流れを倫理的に批判しても始まらないんです。経済の自然過程ですから。

——でも、壊された共同体を、また再建しなければならないわけですね。

内田　市場原理で壊された社会を元に戻すのには、理屈で言えば、この社会の中に局所的に「非市場主義的な場」を作り上げるところから始めるしかないと思います。通常の売り手と買い手との関係ではなくて、人類史的に言うと、もう少し古いタイプの組織原理が生きている場を技巧的に立ち上げる。先行世代から受け継いだものを後続世代に引き継いでゆく、そういう垂直系列の統合軸を持った相互扶助・相互支援的な共同体が、もう一度、たとえ局所的にではあれ再建されなければならないと思います。

その共同体の最優先の課題は、子供を育てること、若者たちの成熟を支援することです。そういう教化的な組織、教育共同体が、私塾のようなかたちで日本の各地に、さまざまな教育目標を掲げてこれから出てくるだろうと僕は予測しています。

——先生は、そういう思いで、道場をやられているわけですよね。

内田　そうです。自分で道場を開き、私塾を開いているのは、そのためです。

四十代以上は、師弟関係が理解できない

――もう一つお伺いしたいのですが、いま先生は、合気道とか、それ以外にも「道」と付くものにもかかわっておられますが、今の若い人で、そういうのに興味を持つ人も増えてきているんですね。

内田　増えています。

――ただ、やっぱりそこにも、教育というサービスの提供を受けたいという市場主義的な感覚が、教えを受ける側にあるといった趣旨のお話が、以前あったように思うのですが。

内田　師弟関係は商取引ではないということは、たしかになかなか理解されませんね。でも、師弟関係では、価値や有用性があらかじめ知られている知識や技術を、弟子が「それ、ください」と、市場で商品を買うみたいに買いに来るわけじゃないんです。それでは教育は成立しない。

もちろん昔も、商取引みたいに代価を払って師匠から技芸を習おうという、「合理的」な発想をする人はいたわけです。江戸時代の武道の伝書にも出てきますから。「今人情薄

く、志切ならず、少壮より労を厭《いと》ひ、簡を好み、小利を見て速《すみや》かにならんことを欲する」。最近の人は武芸の習得において費用対効果を優先して困ったものだと、三〇〇年前からもう苦言が呈されている。修業について勘違いしている人たちは昔からいたんです。

ということは、言い換えると、そういう勘違いしている人たちに、「修業というのはこういうものだよ」「師に就いて学ぶというのはこういうことだよ」と諄々と説き聞かせる言葉にも、数百年の蓄積があるわけです。

日本人のＤＮＡの中には、「道」に対する適応力が深く刷り込まれているだろうと僕は思っています。年齢や経験にかかわらず、わかる人はわかるし、わからない人にはわからない。

それに、今の二十代以下の若い人は、バブル期の日本社会のあの浮わついた感じに、もう羨望やノスタルジーを感じていないでしょう。「バブル経済よ、もう一度」と遠い眼をしているのは、四十代以上だけです。若い人たちは、そういう先行世代をかなり醒めた眼で見ている。無意味に蕩尽《とうじん》することこそが経済活動だと思われていた時代がもう一度戻ってくるとも、戻ってきてほしいとも思っていない。もう成長しない社会に、どうやって適応すべきかを考えている。

ですから、成長幻想がしみついている先行世代はロールモデルにならない。今の「偉い人」たちの話を聴いていたんでは、生きる道が見つからない。だったら、自分たちで自分たちの生き方を探す他ない。そういうことがだんだんわかってきた。

今の四十代以上はバブル期にノスタルジーを感じているし、グローバル資本主義のエートスを深く内面化してしまっているので、どうしても師弟関係が苦手なんです。商取引的な関係以外のものをうまく想定できない。有用な技術や知識を手に入れて、それに対して代価を払うという枠組みから出られない。「消費者としての主体」に居着いている。

師に就いて修業するというのは、「居着き」から逃れるための方法なんですけれど、その理路がわからない。「師に就いて修業すると、オレにはどういうメリットがあるんですか？」という問いを手放せない限り、師弟関係は始まらないのに。ですから、社会人経験の長い男性ほど、ものを習うのが下手ですね。

——「お願いします」とか言えないんですね。

内田　苦手ですね。ああいうのは、社内に派閥とかあって、親分子分の経験がある人なら無理なくできると思うんですよ。でも、社内でも無責任な上司や仕事のできない部下に囲まれて「けっ」って、ふて腐れている人っているじゃないですか。

――います、います。

内田　そういう「ふて腐れタイプ」の人が、案外会社以外のところに自己実現の機会を求めて武道を習いに来たりするんです。これがなかなか大変なんです。「ふて腐れている私」に居着いているから、自分の枠からなかなか出られない。自分がすでにできることを量的に増大させるという稽古法にこだわってしまって、身体と心の使い方そのものを変えるという稽古に、なかなか切り替えられない。

――気をつけよう。

内田　それはどこでもそうですね。どんな稽古ごとでも、ものを習うのが下手なのは中高年男性です。素直に「教えてください」「お願いします」と言えない。

――当然、その人たちは、一度そうなってしまっているから、再び蘇生していくというか、自分の枠を壊すことは、かなりむずかしい。

内田　むずかしいですね。こちらもそれほど手すきじゃないので、そういう手がかかる人には申し訳ないけれど、彼らを解きほぐす仕事よりも、若くて、可塑性のある人のほうが手のかけ甲斐があるし。

「ラッキーな先達者」を探す女子たち

——逆に、大学に入ってきたくらいの女性となると、かなり見込みがあると思われますか。

内田　大学生は全体に幼くなっていますね。どの学校でも。今の十八歳、十九歳くらいは悪い意味でも、いい意味でも、幼いです。

——それは、素直という意味で。

内田　素直です。

——なるほど、それはいいことです。

内田　素直で、社会に対してこわばった先入観を持ってない。二〇年前だと、もうちょっといたんですよ。二十歳ぐらいで、けっこうわかったような小生意気な口をきく学生が。今の若い子たちは、知的早熟というタイプが少ないですね。ものを知らないという点では、僕らの学生時代とは比較にならない。でも、変な予備知識がないだけ、知ったような顔をしない。そこはいいと思いますね。

あと、女子は男子に比べると、危機対応にすぐれていますね。二十一世紀の日本社会、先行きが見えないということが、直感的にはわかっている。ですから、あまり簡単に将来設計を決め打ちして、「これだ」と予定通りのキャリアパスを一直線にひた走ることにはためらいがある。不安げにきょろきょろしているように見えます。

これから日本はどうなるだろう、どうすれば生き延びていけるのか、幸せになれるのか。そのことをいちばん真剣に考えているのは、若い女子じゃないですか。ばりばりキャリアアップしてという野心は、今の二十歳ぐらいの子にはあまり共感されていない。十歳年上の人の成功事例が、そのまま自分たちにも適用できるとは思えない。誰かこの「道なき道」を先導してくれそうな人はいないかなと探していますね。

――「誰か先導してくれそうな人」を探すというのは、さっき先生がおっしゃった、危機感があるがゆえに、ですか。

内田　危機感があるからだと思います。

――ということは、自分の先を行く先達たちの、師弟関係や上下関係とは少し違うけれども、「ものがわかっている人」を探しているということなんですか。

内田　何らかの先達を探しているのはたしかだと思います。誰か「わけのわかった人」についていったほうが安全だということはわかっている。混迷の時代ですからね。

メディアには「偉そうな人」が出てきて、いろいろああしろこうしろと言っているけども、どうもいまいち信用できない。「こうすれば成功できる」という類のノウハウを、簡単には呑み込めない。メディアが「こうしろ」と指示してくることについては、とりあえず疑ってかかるというのが、若い人たちのデフォルトになりつつある。

若い女の子たちが探している「あとについてゆける人の条件」というのは、直感的なものなんです。数値的・外形的なデータに基づいて決めているわけじゃない。彼女たちが選ぶのは、「運のいい人」なんです。「ラッキーな人」、それが最優先する。

——おもしろいですね。

内田　いや、それが当然なんです。「ラッキーな人」というのは「happy-go-lucky な人」のことでもあるわけです。いつでも機嫌のいい人、なにごとも楽観的に眺める人。それが「ラッキーな人」なんです。

最後は「運がいいか悪いか」

内田　この間、おもしろい人に会いました。その方のお父さんが外資系の会社に勤めていて、二〇〇一年九月十一日のニューヨーク同時多発テロの日に、ワールドトレードセンターにいたんだそうです。上層階にオフィスがあって、そこに出勤していた。でも、なんとなくビルから出たくなった。それで仕事中にエレベーターで一階まで降りて、ビルから外に出たところに、飛行機が突っ込んできた。

そのあとロンドンに転勤になった。すると今度はロンドンでも……。

——爆破テロがありましたね。

内田　そのときはＭＩ６（英政府情報局秘密情報部）の隣のビルに勤めていたんだそうですが、テロ組織がＭＩ６を攻撃するつもりで、間違えて隣のビルに突っ込んでしまった。そのときも、始業少し前に出勤してきたけれど、ふとコーヒーが飲みたくなって、ビルから出たら車が突っ込んできた。うちの父は「そういう人」なんですという話を伺いました。

混迷の時代に「ついてゆくべき人」というのは、「そういう人」なんですよ。どうしてかわからないけれど、運がいい人。戦争中でもそうでしょう。最も部下に信頼される指揮官というのは、「弾が当たらない人」なんですよ。

——なるほどね。

内田　「あの人は何度も修羅場をくぐっているけれど、一度も弾が当たったことがないらしいよ」という人がいると、新兵たちはみんなその人にぞろぞろくっついてゆく。そういう古兵が必ず現場にはいたわけですよね。修羅場になると、「弾が当たらない人」についてゆく。どんなに偉そうなことを言っていても、論理的に首尾一貫したことを言っていても、それだけでは「ついてゆく」気にはなれない。どれほど言うことがでたらめで、態度が悪くても、もしものときは「弾が当たらない人」についてゆく。

戦争の場合、先陣を切るのは将校ですよね。彼が立ち上がって、「オレについてこい」と命令するわけですから、「この人についてゆけば弾が当たらない」という信憑があれば、みんな離れずについてくる。この人についてゆきさえすれば、弾にも当たらないし、地雷も踏まないし、強敵と遭遇することもない。なんだか知らないけど、この人は「運がいい」から。

指揮官が部下にそう思わせることができれば、全員にとって生き延びる確率は高まる。「オレについてこい」と言っても誰もついてこない将校が指揮する中隊より、戦闘能力ははるかに高いわけですから。

ぎりぎり生きるか死ぬかという局面のときに、人間が最後に頼るのは、数値化できるような人間的能力ではなくて、「運がいいか悪いか」なんです。

司馬遼太郎が『坂の上の雲』で書いていましたけれど、日露戦争のときに、海軍大臣山本権兵衛が、退役目前だった東郷平八郎を連合海軍の司令官に抜擢した理由は、「東郷は運のいい男ですから」でした。東郷は薩英戦争以来の歴戦の勇士ですけれど、一度も会戦で負けたことがない。確率的にありえないくらい運がいい。バルチック艦隊との海戦は、この運がいい男に託そうということになった。

運のいい人って、ずっと運がいいんです。たぶん僕たちにはわからないような微細なシグナルを感知するセンサーを備えているからでしょうけれど。だから、何か悪いことが起こりそうなときには、事前に「ざわざわ」して、そちらには足を向けない。そのことにたぶん本人は気づいていない。無意識に、識閾下《しきいきか》でのシグナルを感知している。

危機的状況では、「そういう人」についてゆくほうが生き延びるチャンスが高まるということは、久しく経験知としては周知されていたわけですけれど、そういう能力はもう今では誰も評価しなくなってしまった。エビデンスがないから。数値的に計量することもできない。でも、それはしかたがないんです。こういう特殊な能力が発現するのは、「生きるか死ぬか」という局面においてであって、「金が儲かるかどうか」というようなことでは発動しない。だから、平時においては能力を示す機会がないんです。

ほんとうは、こういう危機感知能力をもつ「ラッキーな人」が組織の長のポストにいるべきなんだけれども、そういう能力を評価する技術も度量衡も、現代人はもう持っていない。それに、そういう「運のいい人」たちは、だいたい自分のルールに従って勝手に生きているから、組織人としてはあまり評判がよくない。イエスマンしか出世できない今の日本の企業のようなプロモーション・システムでは、そういう人はなかなか偉くなりようがない。だから、そういう人たちは、社会の端っこのほうで適当に楽しくやっているわけですよ。

でも、さすがにここまで日本社会が危うくなってくると、若い人たちも「運のいい人」を探し始めた。だって、あと三〇年後の日本はどうなるか、誰も予想がつかないんですから。人口が八五〇〇万人で、六十五歳以上がその四〇パーセントという人口比率の社会がどのようなものか、どうやって生産人口を確保するのか、産業構成はどうなっているのか、どれくらい移民が入ってくるのか、年金や医療はどうなっているのか、政治システムはどうなっているのか、誰にも予測が立たない。そういう状況に投じられているわけですよね。

だとすると、誰についてゆこうか、誰の予測が当たるのか、誰の見識が信じられるのかというのは、若い人たちにとっては死活問題であるわけです。だから若い人たちは、今必死になってアンテナを張って、「今成功している人」ではなくて、「これから不運を回避できそうな人」を見つけようとしている。それはわかるんです。そういう人は、どこにいても「機嫌よく暮らしている」から。

――機嫌よく暮らせる人ですか（笑）。

内田　「ついてゆけるかどうか」が判断基準なんですよ。批評家的に遠くから見て、ああだこうだと人物判定をしているんじゃない。自分の身をかけて選ぶんですから。

――そこですよね、まず。

内田　先達についてゆこうとする若者は、「自力でのし上がってビッグになる」という発想をもうしないですね。そうじゃなくて、みんなで生き残る道を探している。先達についてゆくにしても、できるだけ大勢でぞろぞろついてゆくほうが、一人だけでついてゆくより安心できる。仲間がいれば、何かあったときにも支えてもらえますからね。

自分自身の非力さも無能力もわかっているんです。だからこそ、誰か頼りになる人についてゆこうと思っているわけです。

そうやって、「教わる」という姿勢を自然に取るようになる。リーダー・シップじゃなくて、フォロワー・シップのほうが緊急な資質になりつつある。

「質の良い情報」をフォローする

内田　ツイッターだって、多くの人にとっては、何を発信するかよりも、誰を「フォロー」するか、その選択のほうが重要なわけですよね。

――ツイッター、やっていますよ、私。フォロワーです（笑）。

内田　ありがとうございます。今では本を選ぶにしても、映画やCDやレストランを選ぶにしても、マスメディアが不特定多数に漠然と提供する情報じゃなくて、自分がその判断力に信頼を置いている人に従いますよね。その人が「ここのヒレカツ美味しい」とか、「このコンサートはよかった」とか、「この映画は必見」と言ったら、それを信頼してことを決める。自分で自分のための「めきき」を選んで、その判断に従う。

そうなると、もうマスメディア的に有名であるとか無名であるとかいうことは、関係がなくなってくる。何万人もフォロワーのいる映画評論家がいたとして、この人が映画評をすると、新聞でもテレビでも取り上げられていない作品でも、フォロワーたちが一斉に映画館に足を運んで、いきなり満員になるというようなことが起こる。

こういう集客の仕方は、これまでにはなかったことです。かつては『文藝春秋』でも『世界』でも、媒体のクオリティを信認したけれど、これからはトピックごとにパーソナルな「めきき」を選び出して、「この論件については、この人の話がいちばん信用できる」という読み方ができる。だから、SNSで「誰をフォローするか」ということが、若い世代の間では緊急の問題であるのだと思います。

マスメディアに登場する知識人は、「どんな問題についても、当意即妙にツイストの利いた知見を語るコメンテイター」であることを期待されていますけれど、ネット上では、もうそういうオールラウンドな「一言居士」にはそれほど需要がありませんね。求められているのは、むしろ「個別的論点について、十分に情報を持っており、推論が適切なので、その判断に信頼が置ける人」です。

そういう人って、別に自己宣伝しなくても、自然に「フォロワー」が増えてくる。自分たちが感知できない微細なシグナルを感知できている人って、やっぱりわかるんです。そういう判断の適切な人というのは、これまではなかなか表に出てきて、吟味されるという機会がありませんでしたけれど、ネット時代になって、だんだん水面上に顔を出してきたんだと思います。メディア的には無名だけれど、「すごい人」に出会うチャンスが一気に増大したことが、SNSの手柄じゃないでしょうかね。

――そういう意味でも、さっき先生がおっしゃった、素直な気持ちの中で学んでいくという姿勢が、大事なポイントだということですね。

内田　ツイッターって、あれは実は一種の「学習機械」なんですよ。その前のインターネットのホームページとかブログとかいうのは「発信装置」でしたけれど、ツイッターの本務は受信なんです。あれ、「つぶやき」と言っているけれども、じつは発信するよりも受信のほうが重要なんです。

誰かが質のいい情報源を発見すると、それを「リツイート」して自分のフォロワーたちに告知する。それがさらにリツイートされて拡がってゆく。そういう拡散する構造になっています。ですから、「質のいい情報源を発見できる才能」は、すでに「質のいい情報源」の資格を満たしていることになる。実際に、そういう人にコネクトしておけば、自分は何をしなくても、次から次へと流れるように質の高い情報が手元に流れ込んでくる。だから、ここでも自分が何を発信するかよりも、「誰をフォローしているか」が問題になるわけです。

もし、朝から晩まで、自分がどれほど立派な考えを持っているかを誇示したり、誰かをやかましく罵倒したり論難している人がいたとしても、ツイッター的には半分しか機能していないことになります。その人自身は情報を発信していますけれど、誰ともつながっていない。そこからは出自の違う情報は何も「流れて」こない。でも、ツイッターでは、参加者たちがどれほど質のよい情報の「通り道」であるかが問題なのです。電波を拾わずに、メカニカル・ノイズをうるさく出しているだけのラジオがあったら誰も聴かない。それと同じです。問題は情報の「通り道」であることなのです。情報の良導体であることなのです。

これは「学ぶ」という行為の本質に深いところでつながっていると僕は思います。「学ぶ」ことの本質は、師から教えられたことを、自分で受け止めて、整えて、付け加えられるものがあれば付け加えて、次の「世代」に「つなぐ」ことだからです。

情報を鑑定する能力

――今はまさに情報社会ですから、良質な情報源を持っているかいないかというのは、また違う意味で、その変わり目になっていくわけでしょうね。

内田　情報のクオリティを判定するための外的な基準があって、以前だったら、マスメディアが、「この情報は価値がある」「これはクズ情報」を区分けする作業を代行してくれました。大きく取り上げたり、扱いを小さくしたり、そもそも報道しないとかして、情報の格付けをしてきたわけです。けれどもマスメディアは、もう情報の「格付け機関」として機能しなくなってしまった。どうでもいいことを大きく報道し、重要なことを報道しないというかたちで、隠微な検閲が行われていることを、みんなが気づいてきましたから。

しかたがないので、僕たちは一人ひとりが個人的な仕方で、情報の格付けを行っている。これは個人的な嗅覚のようなものに依存するしかない。

メディア・リテラシーというのは、情報の良否についての判断能力のことですけれど、僕たちは自分が専門家ではない分野については、その情報が正しいのかどうかさえ判断できない。でも、自分がそれについてほとんど知らないことでも、この情報は信用できる、これは信用できないという判断を下さなければならない。

理屈ではそんなこと、できるはずがありません。知らないことについて判断するわけですから。でも、メディア・リテラシーというのはまさにそのような能力のことであるわけです。そうでなければ意味がない。

知っていることについてしか適否を判断できないのであれば、メディアで流布している情報のほぼ全部について、僕たちは判断を保留しなければならなくなります。でも、そんなことをしていたら生きていけない。どちらが正しいことを述べているのかわからないことについても、判断しなければならない。それは直感によるしかないわけです。

情報を語る人間の発するかすかなシグナルから、「嘘をついている」「知らないことを知ったふりをしている」「論理矛盾を隠蔽しようとしている」というようなことを感知して、情報の質を鑑定するしかない。それができなければ、メディア・リテラシーとは言えません。そういう種類の感覚のよさが、若い世代に育ちつつあると感じますね。

――ということは、若い世代はある種生存本能で、特に女子は生物学的にも反応が早いから、そういう方向に確実に変わりつつあると。

内田　そうです。男子でも、どちらかというと、やわらかい感じの子たちが敏感ですね。もちろんいまだに男子の過半数は「古いタイプ」のままですけれど。頭でこねまわして作り上げた「人生設計図」に従って、ＴＯＥＩＣのスコアを上げて、どの大学のどの学部を出て、どういう資格を取って、どの会社に入る……というようなことを、「出世すごろく」を進むようにキャリア形成する気でいる人がまだいます。さすがに少なくなってはきましたけれど。

でも、こういうタイプはこれからの社会の変化に取り残されていって、潮目の変化を感じてすでに「学び」始めている若者たちが、次の世代を担ってゆくことになるんだろうと、僕は思っています。

──それは、かつての「弟子入り」とはまたちょっと違いますね。

内田　ちょっと違いますね、安定した時代における師弟関係じゃないですから。

何だろう、このままではこのあたりでは生きていけなくなるから、「みんな、北に向かうぞ」みたいな感じの決断を長老が下して、それを信じる部族の人々がぞろぞろと北へ向かうというような感じですかね。『マッドマックスⅡ』みたいな。もうここに留まっていても未来がなさそうだ。そういう感じが、する人にはもうしているから。もちろん「北へ向かう」と言っても、日本社会の中にいる分には変わらないんですけども、ライフスタイルが変わる。

そういう「北へ向かう」集団は、まだでき上がってはいないです。できつつあるだけで。まだ形成途上で、だいたいどこに行くのか、みんなよくわかってない。でも、今だったら集団の第一次創立メンバーに参加できる。だから、感度のいい若者たちが、「せっかくなら創立メンバーに加わるか」という気分になってきているんだと思います。

先行世代からの松明を引き継ぐ

――先生が以前、「原子化・砂粒化」して孤立することになったのは、日本が例外的に豊かで安全であったからで、今はもう豊かでも安全でもないリスク社会になってきている、というお話をされました。そしてそんな時代には、誰かが「おせっかい」をして、公共的な仕事をしないといけない。その仕事は別に全構成員がやる必要はなくて、一割とか一割五分ぐらいの市民が、国とか自治体ができない公的な仕事を担う。そういうパブリックな中間共同体をどう作ってゆくのか、ということが問題になってくるわけですけど。

内田　そうそう、「セミ・パブリック」共同体ね。

――ああ、セミ・パブリックか……。それはさっきおっしゃった、「北へ向かう」みたいな集団にも、当然同期してくるわけですね。

内田　そうですね。「セミ・パブリックな共同体を形成しなければいけない」というのが、「北へ向かえ」なわけです。どこか遠くに行くわけじゃなくて、日本国内にこれまでなかった種類の共同体を作り上げるということですね。

していることは一緒なんですよ。ふつうに仕事をして、ふつうにご飯を食べて、ふつうに暮らしているわけだけども、ただ、そのときの自己規律として「自分さえよければそれでいい」ではなく、「負担はみんなでわかちあい、利益もみんなでわかちあい、リスクもみんなでわかちあう」という、相互支援・相互扶助のルールを採択するということです。別にたいしたことじゃないんですよ。そういうふうな「気の持ちよう」に切り替える、というだけのことなんですから。信仰告白をするとか、党員登録をするとか、そういう話じゃないんです。

ただ、人間の営みというのは本質的に集団的なものであって、集団全体のスキルを上げて、知性を活性化し、感情を豊かにして、集団としての生きる力を高めることが、生き延びる上では必要だということを確認すればいいんです。「自分さえよければ、それでいい」という自己利益だけを追求して、まわりを競争相手として排除してゆくような生き方をするより、集団全体のパフォーマンスを底上げするほうが自己利益を安定的に確保できるという、ごくごく当たり前の事実を思い出してほしいんです。

そして、できることなら、共同体が一つの集合的目的を持っていて、余人を以ては代えがたいその歴史的使命を果たすべく、粛々と「シリウスに向かって歩む」というような「種族の物語」があるとありがたい。先行世代から受け継いだ言語や宗教や伝統文化を後続世代に手渡す、「松明を引き継ぐ」という物語を、みんなが受け入れてくれるとありがたい。そういう「物語」を持つ集団が、たぶん「セミ・パブリック共同体」の一つの標準になるんじゃないかなと思う。

――「セミ・パブリック」というのは、こういう専門用語があるんですか。

内田　聞いたことないですね。

――いわば公と私があって、その間をつなぐもの。そういう認識があったんですけども。

内田　なんでしょうね、「準公共性」というか。

――「セミ・パブリック」って、いい言葉ですね。

内田　ちょうどそこが今、ぽこっと空いているんです。一方に痩せ細った「公」があり、他方に病的に肥大化した「私」があって、この中間をつなぐものがない。私的な感情や思想を吸い上げて、公的なかたちに整える仕組みがない。公的な理念を私生活に降ろしていって、理念を生活実感に受肉させるための仕組みがない。導管に当たる部分がごそっと欠落している。

僕が「セミ・パブリックな共同体」という言葉で言いたいのは、そういう中間的な共同体のことです。

――「セミ・パブリック」というのは、かつては存在しなかったものなんですか。今の時代になって初めて、「セミ・パブリック」というものを作らざるを得なくなったということなんでしょうか。

内田　もちろん、近世まではそういうものがあったと思います。「公」と「私」の間に、店《たな》があったり、一族郎党があったり、同門があったり、一座があったり、社中があったり、講があったり……いろいろなかたちのものがあったと思います。ですから、一人の人間が、同時に複数の小さな共同体に帰属していた。親族や地域共同体に属すると同時に、職業集団に属していたり、信徒集団に属したり。

――なるほど。いわゆるいろんなかたちでの「先輩力」の空間が広がっていたのだが、それが全部なくなった。

内田　そうですね、ほとんど全部なくなった。家族と故郷を離れて、知らない土地で非正規労働者として働く人の場合などは、賃労働者として労働を売り、賃金として得た金で市場で商品を買うだけで、どこにも帰属する集団がない。

個人の息づかいが感じられるＳＮＳへ

——それでも、先ほどのお話だと、ツイッターとかも含めて、若い人たちの間でも「セミ・パブリック」志向が出てきていると見てよろしいんでしょうか。

内田　「セミ・パブリック」志向は出てきていますね。でも、どういうものが「セミ・パブリック」かを見きわめるのは、ちょっとむずかしいんです。

例えば、ツイッターではある種の共同体志向が芽生えていますけれど、まったく私的なコメントもそこここに散在している。それを区別するのは「言葉づかい」なんです。それでわかる。

ネット上でのやりとりであっても、そこで何らかの生きた共同体を作り出したいと思っている人は、言葉づかいが丁寧になる。とりあえず、ここを足がかりにして何か共同体的なものを立ち上げようとすると、言葉づかいが慎重になる。「取り付く島」としては言葉しかないわけですから。言葉を丁寧に扱うようになる。そこではねつけられたら、それで終わりですから。

そういう場でも、いきなり見ず知らずの人に罵倒を投げつけてくるような輩も、もちろんいます。そういう人は、「オレは好きなときに、好きなところに唾を吐く権利を主張する。それが言論の自由というものだ」と言い張ります。

でも彼らは、実際には自由な言論の行き交う場を立ち上げる気なんかないんです。自分の言論の自由はうるさく主張するが、他人の言論の自由には配慮する気がないんですから。みんなが公共的に使っている井戸に唾を吐きかけておいて、「みんな好きなだけ唾を吐けばいい」と言っているようなものです。

自由な言論が行き交う場を「きれいに使う」という配慮がない。場に対する「敬意」がない。壊れやすいアイディアや傷つきやすいセンチメントが行き来している場所では、少し息をひそめて、あまり物音を立てないように、静かな立ち居ふるまいをするという常識がない。

他人の家に土足で上がるようなことを平気でする人は、やはり「公共」ということがわかっていないんだと思います。「公共」ということがわかっていない人間が、「公論」を導いてゆくということはありえないです。

公共的ではない人というのは、自分に居着いているんです。自分に居着いている限り、公共的な場には参加できません。公共的にふるまうためには、どこかで自我の引力から身を解き放つことが必要です。だから、我執を部分的にではあれ、解除した人しか公共圏には参与できない。

ネット上で、匿名に隠れて他人を罵倒するというのは、いわば「物陰に隠れて、そこから石を投げる」ようなふるまいですけれど、そのとき匿名者にとって最優先のことは、「自分が誰だか特定されない」ということです。自分の生身を公共の場にさらしたくない。それほどまでに「傷つきやすい自分」を大事にしている。言い換えればそこまで自分にしがみついている。

匿名というのは我執ということです。自分のした発言の責任を、生身の自分としては引き受ける気がないということが問題なのは、「責任を取ることのできない妄言を吐き散らす」ことではなく（それもちょっと問題ですが）、それ以上に「どんなことがあっても生身の自分は手つかずのまま温存したい」という我執が見苦しいからです。

ネット上でのやりとりであっても、「もしかすると、この人とそのうち実際に会うことになるんじゃないかな」と思うと、言葉づかいに気を遣うはずですから。

――それは匿名性じゃないということですね。

内田　違いますね。準・匿名なんだけども、その準・匿名というのが、いつでも「物陰」に逃げ込めるような匿名性ではなく、いつでも会えるような種類の匿名性なんですよ。

――それは決定的に違いますよね。

内田　全然違います。人に石を投げたあと、すぐ逃げ出して、決してしっぽをつかませないための匿名性じゃない。今はフルネームを明かさないけれど、匿名のままではたぶん済まなくて、いずれどこかで会って、一緒に遊んだり、一緒に仕事したりすることになるんじゃないか、みたいな、期待含みの準・匿名性ですかね。

――やがて自分の正体もわかるわけだから、当然、言葉づかいも内容的にも、丁寧になりますよね。

内田　そうですね。前にブログにつけていたコメント欄は、最終的には「悪貨が良貨を駆逐する」で、ほとんど悪口雑言だけしか書かれなくなって閉鎖してしまった。どこもそういうパターンでしたから、今、個人のブログで、匿名で投書ができるようなものって、もうほとんど残っていないんじゃないかな。

だから、いろいろなＳＮＳが開発されていった。それは匿名による攻撃性をどこかで防ぎ止めて、固有名を持った人同士の共同体形成の礎石になるような、ネット上の言論の場を確保したいという強い願いが、開発者たちにあったからだと思うんです。

どうすればネット上に公共的な空間を立ち上げられるか。どうやって我執や自己愛から生まれる攻撃性を抑制できるか。そういう言葉は使っていないでしょうけれど、技術的には「そういうこと」を実現するために、mixi も Facebook も Twitter も開発されたんだと思います。ネットを呪詛や罵倒が行き交う場にしたくないという強い意志が、さまざまなシステム開発を駆動してきた。

これからあとも、もっと完成度の高いＳＮＳが開発されると思うんですけれど、その場合の評価基準は「使い勝手がいい」というようなテクニカルなことよりむしろ、「そこでは個人の生身が感じられる」という、手触りの確かさじゃないかなという気がします。生身の人間の体温や息づかいが感じられるなら、言葉が信じられる。言葉の手触りがもっとリアルで、もっとずっしりと重くなる。語り口もそれだけゆったり穏やかになる。僕は、そういう言葉の語り口を変えることができるようなテクノロジーの変化に期待しています。

――たぶん時代が、そういう方向に変わっていくような気がしますけどね。

内田　ＳＮＳなんか、どういうふうに使われることになるのかなんて、一〇年前ではうまく想像できなかったと思うんです。それがこれだけ広がるということは、新奇なテクノロジーに人々が食いついたということではなく、時代の潮目が変わって来ていて、それとこのテクノロジーがシンクロしたということじゃないかという気がします。

――潮目ですね、やっぱり。

内田　と、思いますね。潮の変わり目が来た、という気がしますけどね。

時代の潮目が変わり始めた

――今、みんなが時代の潮目を敏感に感じているがゆえに、ツイッターもそうだし、それに対する行動も変わりつつあると、そういうことですよね。

内田　枠組みそのものが変わりつつあると思います。なるべく素直な気持ちで、なるべく先入観を持たないで、ついてゆくべき人を直感的に判断して、ついてゆく。「先達」として誰を選ぶのかについては、外形的な基準なんかありませんから。年齢も性別も学歴も地位もかかわりなく、「この人についてゆけば生き延びられる」ということは、直感的にわかるはずなんです。

これは武術家の甲野善紀先生に伺った話ですけれど、海外の砂漠地帯を旅する団体旅行があったとき、何日か経つと、ツアーの女性たちが全員、ある一人の男の人のあとをぞろぞろとついてゆくようになったそうです。いろいろと危険なことのある旅だったので、無意識的に「この人のあとについてゆけば、迷わない。危険な目に遭わない。まともなものが食べられる」という人を探すようになる。そういうときに、女性たちが一人の「先達」を過たず見いだすという直感力には感心しますね。

同行の男性諸君が、「先達」についてゆくのを嫌がるのは、自分の社会的地位とか、年収とか、学歴とか、そういう「システム内部的な力」にこだわりがあって、砂漠ではそんなもの使い物にならないということを、なかなか認めたがらないからなんでしょうけれど、そういう人は「生きる力が弱い」ということです。外形的・数値的に示すことのできる力なんて、全部システム内部的なものですから、システム外の世界や、システムが機能不全になる状況では、使い物にならない。そういうときに「あとについてゆける人」を見いだす直感力が、生き死ににかかわるんですけどね。

——だって、いま信用できる人っていないですものね、パブリックにおいて。

内田　政治家とか財界人とかメディアに出てくる学者とかには、いませんね。

——今のお話を聞いていると、『下流志向——学ばない子どもたち　働かない若者たち』

（講談社）を書かれたときと今では、潮目はかなり変わってきているということですね。

内田　そうです。変わってきていると思います。『下流志向』は二〇〇七年の本で、そのコンテンツはその前の年にやった講演ですから、材料はさらにその数年前くらい、ざっと一〇年前の話になります。さすがに一〇年経つと、経験から学習しますから。

あとから来た若い世代は、先行世代の「失敗」を間近に見て、「ああいうふうに生きると失敗するんだ」ということはわかっている。先行世代の「成功例」を示して、「こういうふうに生きればうまくゆく」というメディアの告知を信じて、それを真似ようとする人たちと、先行世代の「失敗例」を見て、「こういうふうにすると、ああいうことになるのか」と観察して、「前者の轍」を踏まないように、「それとは違う道」を探す人たちとでは、同じ後続世代でも気構えが違います。

次世代の担い手は、「先行世代の成功例を真似する人たち」からではなく、「先行世代の失敗例から学ぶ人たち」から出てきます。これはどんな場合でもそうです。この一〇年で「自分探し」とか「自分らしさの探求」とか、官民挙げて大騒ぎしてきたイデオロギーがどれほど空疎なものであったか、若い人たちは骨身にしみていると思います。

——あの本を読んで、子供たちが、まるで商取引のように、対価を払って教育商品を購入するという、「消費者マインド」になじんでいるということを知って、恐怖感というか、危機感を覚えたのですが、それが今は少し変わってきているということですか。

内田　マジョリティは相変わらずです。集団的なメンタリティには惰性が働きますから、簡単には変わりません。でも、感覚の敏感な人たちというのは、どの世代にも一定数はいるわけで、そこから変わっていきますね。「このままじゃまずいな」ということがわかる人は、必ずいますから。

——そういう意味では、『下流志向』から『日本辺境論』（新潮新書）へと、ここら辺から潮目が変わり始めた。

内田　社会は変化するものですからね。同じままではいません。それぞれの時代が実験をして、うまくゆけばそれに倣うし、失敗したら補正する。当たり前のことです。

年長者たちが「ブラック企業」化している

——話は前後しますけども、この間に失われたものは、何だったのか。「学ぶ」もそうですし、公共性もそうですけれど、日本人は何をなくしたのか、何を失ったのかについての議論がほとんどなくて。ただ、「どうしよう」「どうしよう」という話をするばかりです。

内田　そうですね。歴史的な検証というのは、まったくなされていない。

――今ずっと、お話を伺ってきて思うんですが、こんなこと、内田先生以外誰も指摘してなんじゃないかと……。

内田　いないわけじゃないですよ。僕がいちばん口やかましいだけで。

――例えば、「男女雇用機会均等法」について批判めいたことを言うと、やれ「アナログ派」だ、やれ「男権主義者」だのと言われるんじゃないか、と。そういう遠慮みたいなものがあるんじゃないですか。それとも、ほんとうに事態が見えてないんですかね。

内田　社会がどういうふうに変化しているのか、よくわかっていないから、何も言わないでいるんじゃないでしょうか。それに、今さら「権力関係があってはならない」とか「上下関係があってはならない」というようなことを言われても、もう説得力ないし。

――僕ら、ずっと長い間、オーソリティというのは否定されてしかるべきだ、みたいな論客というか、意見ばかり聞いてきましたから。

内田　いや、冗談じゃないですよ。若い人たちの成熟を支援するためには、とにかく上から手を差し伸べて引っ張り上げてあげないと。年長者が若者を支援しなきゃダメなんですよ。

下から独力で這い上がってこい、年長者の支援に頼ったりしたら、父権制が強化されるばかりだから、そういうことはするなって言うと、何となく若い人たちの自立心とか主体性を尊重しているように見えますけれど、「自力でやれよ」で放置しておくというのは、「お前たちが未熟なままでも、非力なままでも、無能なままでも、それは全部自己責任だから、オレらは知らないよ」と言っているのと変わらないですよ。ブラック企業の経営者と同じ言い分ですよ。「こんな低賃金で働かされているのは、学校にいるとき努力しなかったせいだから、お前の自己責任だ。文句を言うな」と言うのと一緒ですよ。

年長者には、年若い同胞を支援する義務があるんです。善意でやっているわけじゃない。集団の存続のためには、彼らに成長してもらわないと始まらないんです。だから、放り出したり、収奪したりするんじゃなくて、励まして、支えて、かばってやらないといけない。「それはパターナリズムだからやめろ」と言われても、僕はやめませんよ。僕自身がそういう年長者たちから若いときに支援されて、教えられて、育てられて、そうやってなんとか生きてこられたんですから。そのご恩は次の世代に「パス」しないと、先行世代に合わせる顔がない。

父権制が嫌いな人たちは、たぶん若いときに年長者から支援された個人的な経験がなくて、意地悪されたり、抑圧されたり、潰されてきたりして、その恨みがあって「父権制廃絶」を確信されているんでしょうけれど、それは「そういう人たち」にとってのローカルな確信ではあっても、一般性は要求できない。

父権制に代わる、より効率的で、手触りのやさしいシステムを思いつくんでしたら、それをそちらで大胆に実践してくれたらいい。その代わり、僕のような「保守的」な人間が、「国民国家の使い伸ばし」とか「父権制の使い伸ばし」を画策していることは、放っておいてほしい。僕だって「みんな僕みたいに考えろ」なんて言ってないんですから。

僕はこう思う。そう思わない人はどうぞそのままで結構です。ただ、同感してくれる人がいたら、連帯しましょうね、と。そういう話なんですから。

僕が、弱者が自尊感情を持って生きることのできる「弱者ベースで制度設計された共同体」のことをうるさく言うのは、自分自身が幼児であったり、病人であったり、駆け出しであったりしたときに、幼い僕の愚行を大目に見て、忍耐づよく成長するのを待ってくれた共同体に帰属していたことを「ありがたい」と思うからです。父権制的なプロモーション・システムって、悪いことばかりじゃないんですよ。

成功している人は「自己決定」しない

――若者たちが上の人に「お願いします」と言えなくなったのと、「権威主義なんて必要ない」という、二重の否定があったわけですね。

内田　そうです。

――ここがいちばん根底的な問題だと思うんです。オーソリティ自体がないんだと、あっちゃいけないんだ、と。我々の世代が、そういう思想でずっとやってきたので、次世代の人たちも、「お願いします」どころか、「上なんか、ない」と思ってしまった。でも、現実には、そうじゃないでしょう。

内田　現実は、「上」はあります。世の中、全部平等なんだ、自由競争なんだと。みんながむしゃらに、自己利益を確保するために、他人を蹴落とす戦いをしているんだ、というイデオロギーは、実際には社会の下層に向けてだけ選択的にアナウンスされている。階層上位者はそういうふうには考えていない。

彼らは、自分たちの集団内部に相互扶助・相互支援のネットワークを張り巡らしている。

そのほうが生きる上で有利だということを知っている。そして、この資源の寡占体制を維持するために、階層下位者にはキャリアパスを塞いでいる。

だって、階層下位者に告げられる「正しい生き方」は、ひと言でいうと「嫌なやつ」になることなんですから。利己的で、視野が狭くて、攻撃的な人間になれと教えている。でも、そんな人間が、どんな社会においても順調に階層上昇できるはずがない。まわりの弱者たちをいじめて、弱者たちの相互支援や連帯を妨害することしかできないんですから。

社会の上層には、相変わらず政治的立場やビジネス上の競争を超えた、結束の強い共同体が厳として存在します。でも、その排他的な集団がどういうふうに形成されていて、どういう力学で動いているかは開示されない。

政治家を見てもそうでしょう。小泉純一郎にしても、安倍晋三にしても、福田康夫にしても、麻生太郎にしても、鳩山由紀夫にしても、自己決定で政治家になり、自己責任で政治的立場を決めた人なんか一人もいませんよ。みんな「家産」を受け継ぎ、「家風」を伝えることで、位人臣《くらいじんしん》をきわめた。一族郎党の輿望《よぼう》を担って、「神輿」として担がれるという「滅私」の覚悟があったからこそ、この地位に立つことができたんです。

現代日本の成功者たちって、ほとんど「自己決定してない」人たちなんです。自分を殺し、決められたキャリアパスを粛々とたどり、周囲の期待に応え続けることで、成功したんです。彼らの成功の秘訣は、自己利益や「自分らしさ」を追求したことではなくて、ある政治共同体の中で自分が果たすべき役割を忠実に演じたことです。

そういう人たちが成功する。そういう人たちしか成功できないというのが、この社会の仕組みなんです。そういう仕組みを作っておきながら、若くて非力な人たちに向かっては、「自分探しをしろ」「自分らしさにこだわれ」「妥協するな」「集団に帰属するな」「自己利益を貪欲に追求しないと、他人に自分の取り分をさらわれるぞ」というような個人主義的イデオロギーがうるさく宣伝されている。

「自分探し」という自滅的なイデオロギー

内田　階層上位の人たちって、僕もたまに個人的に知り合う機会がありますけれど、立場を超えて、だいたい基本的に「いい人」なんですよ。自己主張が控えめで、礼儀正しくて、穏やかで、ユーモアのセンスがあって。

当たり前ですよね。自分の帰属する共同体の中で、まわりの人たちに気を遣いながら、なるべく嫌われないようにやってきて、今日の地位を得たわけですから。まわりを蹴落として、上司におもねって、出世の階段を必死に這い上がってきた「成り上がり」とは手触りが違う。重要な仕事をするなら、「こういう人」たちとやりたいな、と思わせるような頼りがいがある。

考えてみたら当然の話なんですよ。自分たちが獲得した権力や財貨や教養といった資産を継続的に保持しようと思うなら、一定数の「自分たちと同じような人間」たちとだけつきあって、その中で「花見酒経済」的に資産や情報をぐるぐるまわしていればいいんですから。階層上位者自身は、実は成長も拡大もさして望んでいない。定常的なシステムのまで十分な利益が安定的に確保されているんです。

ですから階層上位者たちは、階層下位者たちが「成長だ、競争だ、奪い合いだ、走るのを止めたら、食われるぞ」というイデオロギーを頭から信じて、お互いに「食い合う」のを黙って見ている。ダブルスタンダードを黙認している。

——それ、汚いですよ（笑）。

内田　しかたないですよ。上流階級が上流であるには、それなりの家伝のノウハウがあるわけで。それは大声で告知するようなものじゃない。

——そうかもしれないですけど……。

内田　彼ら自身は、「自己実現」とか「自分探し」とかというところと、対極的な生き方をしているわけですけれど、そういう自滅的なイデオロギーが宣布されることについては、「それはやめませんか」とは言わない。

ポリティカルファミリーの一員なんて、うっかりすると進学先も就職先も結婚相手まで、全部あらかじめ決められている。どのタイミングで会社を辞めて、父親の秘書になって、いつ「後継者」として後援会に担がれるか、タイムテーブルが決まっている。自己決定と最も縁遠い人たちが国政の舵取りをしていて、「自己決定イデオロギー」教育を「どうぞおやりなさい」と放置している。

自分たち自身の生き方を考えたら、「自己決定、自分探しというようなことばかり言っていると、立身出世はむずかしいのでは……」ということはわかっているはずだけれど、それは言わない。

でも、それは日本に限らず、階層社会の基本構造なんです。フランスでもイギリスでも、階層社会では、「人に頭を下げるな。人にものを訊くな。人にものを教わるな。自分のことは自分で決めろ」という自己決定・自己責任イデオロギーが、階層下位に向けて選択的にアナウンスされています。これはほんとうにみごとなものだと思います。だから、階層が下に行くほど、人間が狭量になり、意地悪になり、怒りっぽくなる。だって、社会的上昇をしようとしたら、まず自分の非力や無知を認めて、それを補正し、自己陶冶を果たすために、師や先達を探し出して、「お願いします。教えてください」というのが、最も効率的な道なわけですけれど、その道を自分で塞いでしまっているんですから。

フランスなんか特徴的ですよ。何かについて「知らない」と言うと他人に侮られるから、自分が知らないことについても知っているふりをしろというマナーが、階層下位者にはみごとにゆきわたっている。ほんとうにものを訊かないのです。自分が何かを知らないということを暴露して、人にものを訊くことは社会的な敗北だと思っている。というか思わされている。

自分の無知を認めないで、ものを学ぶことを拒絶した人間に、社会的上昇のチャンスはありません。そんなふうにしてフランスの階層社会は再生産されている。えげつないものだと思います。でも、これは明らかに支配階層によるひそかなイデオロギー操作なんです。

前にあるところで「フランス人はどんなトピックについても、知らないことについてさえ、『私は前から知っていた』というところから話を始める」という話をしたことがあるんです。その講演を聴いていた中にフランス人の女の人がいて、その人が質疑応答のとき、まっさきに手を挙げて、開口一番「おっしゃる通りです。私も前からそう思っていました」と言ったので、爆笑したことがありました。

――しかし、元も子もない話ですね。

低学力、反知性主義、利己的な若者たち

内田　階層社会の力学って、かなり複雑なんです。どういうふうに語っても、階層構造が強化されるように作り込まれている。実によくできているんです。階層を「這い上がろう」とするふるまいそのものが、階層上位への参入を阻止されてしまうように作られている。植民地経営とか、階層社会の構築とか、ヨーロッパ人というのはしたたかですよ。簡単にはしっぽをつかませないし、簡単には攻略できない。

日本でも今、反知性主義・反教養主義の流れが、マスメディアを通じて大々的に流布されていますよね。自分の興味のあることだけ知っていればいい。自分と興味を共有する人

間たちとだけつるんでいればいい、ということが、これほど公然と語られるようになったのは近代史上はじめてのことじゃないですか。

階層の二極化と反知性主義の関連は、指摘する人があまりいませんけれど、これは車の両輪のような現象だと思います。階層化というのは、自分の手で自分をある階層に釘付けにする、自ら進んで階層下位にとどまるという決意がないと成功しませんから。結果的に低学力で、反知性主義的で、利己的な若者たちが大量に生み出されているわけですけれど、これはある意味で国策的に遂行されているんです。

――たしかにそれじゃ、こちらも好感をもって接せられませんね。

内田　感じが悪いと、こっちだって手を差し伸べてなんとかしてあげようという気になりませんからね。そんなに一人でやりたいなら、勝手にしろよという気になってしまう。

でも、このイデオロギー宣布にいちばん加担しているのは、メディアなんですよ。

メディアはきれいごとで「弱者を支援せよ」と言うでしょ。そのときに、メディアは社会的弱者であったり、犯罪の被害者であったり、災害の被災者であったりする人たちに向かって、「もっと要求しろ、もっと主張しろ、もっと怒れ、もっと非寛容になれ」と言うじゃないですか。そうする権利があるし、そうする義務があると言い立てるでしょう。

クレーマーというのを生み出したのはメディアですよ。相手が行政でも、医療機関でも、学校でも、とにかく「一番うるさく文句を言う人」の言い分を、最優先に聴くべきだということをルール化したのはメディアですよ。

前に暴漢が小学校に侵入して、小学生を襲うという事件があったときに、新聞がまず報道したのは、学校の説明会から出てきて「学校の管理責任はどうなっているんだ。許せない」と言った保護者の発言でした。

この学校の先生たちは、暴漢から子供たちを守って、二人が死傷してるんですよ。それに対するお悔やみも感謝の言葉もなくて、「学校は何をしているんだ」と怒鳴りつけるような人の発言を、まず報道した。

いくらなんでもこの言い分は非常識だろうと、メディアだって感じるべきなんです。でも、それを無批判に大々的に報道した。その頃からですよ、どんな事件が起きても、「管理責任はどうなっているんだ」とうるさく言い立てる人間が、ざわざわと出てきたのは。彼らだって、一人じゃ怖くてそんなこと言えませんよ。メディアがバックについて支持してくれると思うから、そんなことができるんです。

「一億総クレーマー」→「一億総下層化」

内田　でもね、これ二重の意味でひどい話だと思うんですけれど、クレーマーって、まさに「不適切な場合にお門違いなクレームをつける」という行為そのものによって、謝罪とか賠償とかでいくばくかの満足を得る代わりに、社会的評価を自分で下げてしまっている人なわけでしょう。クレーマー的な人間が、組織内で重用されたり、地域社会の中心人物として敬愛されるということって、ありえないですからね。

組織内でも地域社会内でも、「いちいち小うるさいことを言うやつだ」と評価されたら、あとは「腫れ物にさわる」ような扱いを受けるだけです。それを「尊敬されている」と勘違いする人もいるかもしれないけれど、ほんとうは「嫌われている」だけなんです。非常識なクレームをつけることで社会的上昇を果たすということは、原理的にありえない。人に頭を下げさせるというその場でのいっときの快感の代償に、未来を捨て値で売り払っていることに、クレーマーたちは気づいていないわけですけれど、これを生み出したのはメディアですよ。

これって、ずいぶん悪どいイデオロギー操作だと思うんです。クレームをつければつけるほど、クレーマーは社会的に下降してゆく。そんなの少し考えればわかるはずなのに、「一億総クレーマー」を実現する方向にメディアは棹さしている。それは実践的には「一億総下層化」と同じ意味なんです。怒れば怒るほど、理不尽な要求をすればするほど、人間はその社会的評価を失って、階層を下降してゆくことになる。その当たり前のことを、メディアは決してアナウンスしない。

「嫌なやつ」は社会的に上昇できないんです。階層社会では上位にたどりつけるのは「いい人」だけなんです。「知らないことを知らないと言える人」「他人の仕事まで黙ってやる人」「他人の失敗を責めない人」だけが、相互支援・相互扶助のネットワークに呼び入れられて、そこでさまざまな支援を受けることができる。

長期的に自己利益を確保しようと思ったら、周囲の人たちの利益に気を遣ったほうがいい。こんなの常識なんです。けれども、それが現代日本では非常識になっている。そして、急速に階層二極化が進行している。少数の超富裕層と、圧倒的多数の貧困層への二極化が進んでいる。

こんなスケールの大きな社会的変化は、「中産階級が貧困層に進んで転落し、貧困層はより貧困になるべく自己努力するシステム」を作り込まないと実現できない。階層化社会というのは、階層化されることでいちばん損をする人間が、最も熱心に作り出そうとするものなんです。そういう意味では悪魔的なシステムなんですよ。

師匠探しの旅

――でも、内田先生も、若いときはけっこう反体制的な主張をされていたんじゃないですか。

内田　してましたね（笑）。

――ですよね（笑）。

内田　でも、子供の頃から、「師匠好き」ではあったんです。誰か偉大な師に就いて、ゆくべき道、身につけるべき技術を指示してもらいたいということは、子供の頃からずっと思っていました。

――でも学生時代を見ると、失礼ですが、一歩一歩階段を上っていったようには見えませんけれど……高校もやめられてますし。

内田　そうですね（笑）。かなりダッチロールしてますね。

——昔だと、ちょっと道はずれちゃうと、もうダメだ、という感じだったんじゃないですか。

内田　別にそれほどのことはないですよ。人によりますよね、やっぱり。

——個人のキャラクターですか。

内田　うん。やっぱり精神的にタフじゃないと。人からバカにされても、金がなくても、笑っていられるようなタフな人間じゃないと、なかなか暴走はできないですよ。

ただ、僕は学校にいると息が詰まりそうで、「このままでは身体に悪い」と思ったので、高校をやめただけで、基本的には生物としての直感に忠実なだけなんです。だから、高校中退して働き出すと、今度はお金がなくて、ろくにものが食えなくなって、がりがりに瘦せてしまったので、「このままでは身体に悪い」と思って、親に頭を下げて、家に戻りました。基準はシンプルなんです。身体に悪いことはやらない。

——なるほど。おもしろいな。今、「師匠好きだ」とおっしゃいましたけど、具体的に、どういうふうに「師匠好き」だったのか。ちょっと教えていただければ。

内田　中学生までは優等生でしたから、もう、「先生！　先生！」という感じでしたね。

いろんな先生を素直に尊敬して。中学の担任の国語の先生のことなんか、神のように崇めていましたから。

でも、そういう子って、高校生ぐらいになってくると、「先生って、それほど期待通りじゃない」ということに気がついて、いきなり反抗的になってしまうんです。先生に対する期待度が高いと、失望も深い。だから、高校のときは態度の悪い生徒でしたよ。何かあると、手を挙げて、先生に突っ込んだ質問して、先生が絶句したりするのを見て嘲笑《あざわら》うという、進学校によくいる「嫌な生徒」でした(笑)。

でも、先生に対して過剰に攻撃的になったのは、もとにはやっぱり「立派な先生に会いたい」、「先生は立派な人であってほしい」という素朴なあこがれがあるからなんです。

幸いなことに、二十五歳のときに、多田宏先生という偉大な武道家に出会って、僕の「師匠探しの旅」はひと段落ついたわけです。これはやっぱり「武運がある」としか言いようがない。

アパートからいちばん近い武道の道場を見つけて、なんとなく入門したら、そこが世界的な武道家の創設した道場であったというのは、比喩的に言えば「近所のゴルフ練習場に練習に行ったら、そこのレッスンプロがタイガー・ウッズだった」くらいの確率の幸運ですから。そういう点で、僕はほんとうにラッキーな人間なんです。だから、「僕についてきても大丈夫だよ。僕はラッキーだから」って(笑)。自分にそれほどの力があるとは思いませんけれど、ラッキーであることは間違いない。

弟子からの一方通行でよい

――多田先生について、「これはすごいな」と思われたことってありますか。初めて会ったときに、「この人の弟子になろう」と決めたきっかけみたいなものがあったのでしょうか。

内田　先生に心酔することになったきっかけは、もう何度もあちこちに書いてますけども、十二月に入門してすぐあとに、道場の納会というのがあったときのことです。先輩が「内田くんも来ますか」と声をかけてくれたので、新参者ですけれど納会に行ったんです。ごく内輪の集まりで、多田先生を囲んで、みんなで一五、六人ぐらいの宴会でした。

でも、見ると、先生のまわりには誰もいないんですよ。みんな畏れ多くて、先生に話しかけられないんです。僕はいい機会だと思って、先生のそばにすっと行って、先生にビールをお注ぎして、「今度入門しました内田です」と自己紹介したんです。

するとと先生が「内田くんは、どうして合気道に入門したのかね」と訊いてくださったので、「はい、喧嘩に強くなろうと思って」と答えたんです。すると、多田先生が破顔一笑されて、「そういう動機で合気道を始めても、よい」とおっしゃった。

そう言われて、はっと胸を衝かれた思いがしました。

今にして思うと、このとき僕は、先生を挑発していたんですよね。生意気な青年でしたから。こういうことを言ったら、この先生はどんなリアクションをするか、それを試してみようという不穏な気持ちがあったんだと思います。それに対して、多田先生は「そういう動機で始めてもよい」と言ってくださったわけです。

あのね、「そういう動機で始めてもよい」というのは、「そういう動機で始めてはいけない」ということなんですよ（笑）。

そういう動機で始めるものではないが、始めてしまったからには、しかたがない。これから私が合気道とは何かを教えるけれど、それは「君が学ぶつもりがなかったこと」である、と。君はこれから私に就いて、「そんなこと」を学ぶ気がなかったことを学ぶことになるであろう、と。多田先生は入門した僕にそう告げたわけです。

あとから思うと、多田先生のこのひと言には、「学び」のダイナミックな構造が集約されていたと思います。

なるほど、師に就いてものを習うとき、弟子は自分がこれから何を学ぶことになるのか、修業を始める時点では知らないのだ、と。

考えてみれば当然のことです。弟子のわずかな知見や経験の範囲には、とても収まりきらないようなスケールの知識や技術を学ぶわけですから、それが何であり、どういう意味を持ち、どのように活用されるものであるかを、稽古開始時点で見通せるはずがない。弟子にわかるのは、自分はこれから「自分の手持ちの物差し」ではその価値が考量できないような種類のことを学ぶのだ、ということだけです。

自分がこれから学ぶことの価値をはかる「物差し」は、修業を通じてこれから自分で手作りしてゆかなければならない。だから、今はわからない。わからなくて当然である。今はわからなくても、よい。多田先生はそうおっしゃったわけです。そのときに僕は、この人を生涯の師としようと決意したのです。

――すごくうらやましい話ですね。今、そこまで自分を投げ出してでも、「何かわからないけれど、この人についていこう」と思うようなことって、なかなか起こらないんじゃないでしょうか。

内田　いや、今も昔もそれほど違いはないですよ。僕だって、道場の会員番号一〇〇〇番前後ですからね。僕の前に多田先生の門下に加わった人たちがざっと一〇〇〇人いたんです。独立して別の道場を建てた先輩たちが数名おられましたけれど、その先輩たちを含めても、当時稽古に来ている門人は二〇人ちょっとくらいでした。九〇〇人以上は入門したけれど、途中でやめちゃったんです。

多田先生に就いて合気道を習うなんて機会、望んでもありえないことなのに、入門者の九〇パーセントは、その「ありがたみ」がわからないまま中途でやめてしまう。その比率は今も昔もそれほど変わらないと思います。目の前に偉大な師が立っていて手を差し伸べてくれているのに、気がつかない人間がそれだけいる。

残念ながら、師弟関係というのは、先生が立派な人であれば、必ず成立するというものじゃないんです。師匠がどれほど偉大であっても、弟子の側に学ぶ備えがなければ、師弟関係は始まらないし、続かない。逆に言えば、「こんな人に就いて、大丈夫なのかな」と思うような人でも、その人に就いて、言われる通りに稽古しているうちに、ぐいぐいと成長して、ひとかどの人物に仕上がるということだって、あるんです。

そこが師弟関係の力学の、最もダイナミックなところだと思います。

自分に「居着かない」開放感

内田　師弟関係というのは、双方向的というより、弟子の側からの、師の叡智、師の技量に対する「帰依《きえ》」がないと成立しない。師の一挙手一投足、片言隻句《へんげんせつく》すべてが叡智に満ち満ちていると信じている弟子からすれば、先生が何をしても、それこそくしゃみをしても、あくびをしても、「先生はそうすることによって、いったい私に何を伝えようとしているのだろう」と我が身に引きつけて、食い入るように見つめて、無限の解釈運動を開始してしまう。

「師の一挙手一投足、片言隻句には、叡智が満ち満ちている」という信憑がいったん成立してしまえば、もうあとは「学び」の運動はエンドレスなんです。

「あなたはそう言うことによって、何を言おうとしているのか？」というのは、ジャック・ラカンが「子供の問い」と名づけたものですけれど、これは「弟子の問い」でもあるのです。

この問いは、師がどう答えても、終わらない。仮に師が「私が言おうとしたのは、これこれこういうことである」と正直に答えたとしても、そのときには「どうして先生は、あんなに正直に答えを教えてしまったのだろう。先生はそうすることによって私に何を伝えようとしたのか……?」という次なる問いが生まれてくる。そういうものなんです。

師が答えを隠せば、弟子は「なぜ答えを隠すか」を問い、師が答えを明かせば、弟子は「なぜ答えを明かすか」を問う。弟子とは、師が何をしても、そのすべてを自分に向けられた「問い」として、「暗示」として、「叡智へのヒント」として受け止めてしまう、そういうポジションのことなんです。

ですから、いったん弟子のポジションを取ったものは、無限の解釈運動に巻き込まれてしまう。弟子になったものは、自学自習のサイクルに入り込んでしまう。

学ぶというのは、何らかの実定的な知識や技術や情報を教わることではなく、「学ぶ仕方を学ぶ」ということなんです。弟子は師からそれを学ぶ。師を持たない人、独学者は役に立つ知識や技術を書物やネットから身につけることはできるでしょうけれど、「学ぶ仕方を学ぶ」ことはできない。それは師に就いたものしか学ぶことができない。

師を持つ弟子のポジションというのは、そうやって聞くと、無限に解釈し続けるばかりで、なんだかたいへんみたいですけれど、実は大きなメリットがあるんです。

それは、自分を守る必要がない、ということです。自分の今の手持ちの知的なフレームワークや、今の自分が使える技などは、いつ捨てても平気なんです。先生がいるから。「お前のその知識や技術は使い物にならない」と誰かに言われても、全然気にならない。

だって、まさに自分の手持ちの知識や技術が使い物にならないからこそ、師に就いて学んでいるわけで、「そんなこと、先刻ご承知だい」ということです。「あんたに言われるよりはるか前から、自分がどれくらいものを知らないか、技が使えないか、誰よりも自分が知ってますよ。だから師匠に就いて学んでいるんじゃないか」という話です。

だから、「知らない」「できない」ということによるストレスがない。自分がその道の開祖とか、学派の学祖とかであったら、「知らない」や「できない」は許されません。でも、違う。いくらでも間違えることができる。いくらでも失敗することができる。この広々とした「負けしろ」が、弟子というポジションの最大の贈り物です。今の自分の知見や技術に「居着かない」でいられる。この開放性が、弟子であることの最大のメリットだと思います。

これを発見したのはたぶん孔子です。孔子は「述べて作らず。信じて古《いにしえ》を好む」という言葉を遺しています。自分は新奇な説を立てているのではない。古代の賢者の叡智をただ祖述しているに過ぎない。私の教えにオリジナリティは何もない。すべて先賢からの「請け売り」である、と。

孔子が治世の理想としたのは、周公《しゅうこう》の徳治です。でも、すでに孔子の時代においてさえ、魯《ろ》の国において、周公の治績は忘れ去られようとしていました。孔子はその絶えかけた伝統の継承者として名乗りを上げた。そして、自分は古い知の伝統の継承者であり、私の教えには何も新しいものはないと高らかに宣言したのです。自分は何も創造せず、ただ祖述するのみである、と。

かつて白川静先生は、ここの「無主体的な主体の自覚」のうちに、孔子の「創造の秘密」があると道破しました。自分にはオリジナリティがない、私の説はどれも先賢の不正確なコピーに過ぎない。そう自己規定することによって、孔子は思考の自由と豊かな創造性を手に入れたのです。

孔子と周公のこの関係が、師弟関係の原型だと僕は思います。周公を師に選んだのは孔子自身です。孔子が進んで弟子のポジションを選んだ。そして、その「周公に師事する構え」それ自体を、顔回《がんかい》や子路《しろ》をはじめとする孔門のすべての弟子たちが模倣することになった。

弟子たちに思考の自由と創造性を賦与するために、孔子は弟子のポジションを取ったのです。そういうものなんです。

「師を欲望する仕方」を学ぶ

内田　自分には師もいないし、弟子もいないと豪語する人がときどきいますけれど、そんなところで力むことないのに、と僕は思います。師弟関係というのは、実践的な面だけに限定して言えば、「老眼鏡」とか「辞書」とかと同じで、それがあると「ものすごく作業効率が上がるもの」なわけです。どうしてそれを活用しないのか。僕はそのほうがむしろ不思議です。

弟子の立場にあるものは、失敗を恐れる必要がない。間違えたら必ず師に補正してもらえるからです。師が補正してくれなくて、間違いを放置していたとしても、そのときは「師は私の間違いを放置することで、私に何を教えようとしていたのか？」という問いに進めばいい。だから、いくらでも冒険ができるし、いくらでも実験ができる、いくらでも失敗できるし、いくらでも脇道に入り込むことができる。

弟子は、何をしても結局は「師の掌《てのひら》」から出ることができないわけですから、肩肘張って、「オレが、オレが」と突っ張る必要がない。自己宣伝する必要もないし、自分の力量をうるさく言い立てる必要もない。肩の力を抜いて、学び、工夫し、失敗することができる。

師に仕えるということを、多くの人は不自由だと思い込んでいるようですけれど、違いますよ。師に仕えることで弟子は途方もなく自由になるんです。

——それが松明をつないでいくという部分ですよね。その人が師匠から受け継いだ教えを、また次に教えていくわけですね。考え方をつないでいく。

内田　そうです。ですから、「人の師たる条件」というのは、その人もまた自分の師がいて、その師に深く帰依し、仕えたという経験だけでいいと思うんです。

——それはおもしろい。

内田　弟子が師から学ぶのは、知識や技術ではなくて、「学び方」だからです。言い換えれば、「師を欲望する」仕方です。

師にはまたその師がいる。自分からは想像もつかないような高みに立っているその師もまた、その師を見上げている。順繰りにおのれの師、その師、その師を見上げる「仰角」、それが師弟関係を通じて伝えられてゆくものの本質だと僕は思っています。

だから、実際に師に就かずに自学自習で来た人でも、さらに上をめざそうとするならば、過去に存在した誰かを幻想的な「師」に措定して、「あのレベルの人は現代にはいない。私はあのレベルをめざす」ということを言うようになります。必ずそうなる。

同時代人の中での相対的な優劣にこだわって、とりあえずまわりに自分よりできる人間がいなければ、それで満足するというようなタイプの人は、そもそもどんな分野でもたいしたレベルには達しません。自分のレベルを最高度に上げようと思ったら、どこかで「師に仕える」という仕組みを採り入れるしかない。

僕の合気道の師である多田宏先生には、開祖植芝盛平《うえしばもりへい》先生と心身統一法の中村天風《てんぷう》先生という二人の師がありました。植芝先生には武田惣角《そうかく》と出口王仁三郎《おにさぶろう》という二人の師がありました。もちろん、そのお二人にもさらにその師がいた。

僕の哲学上の師はエマニュエル・レヴィナス先生ですけれど、レヴィナス先生にはモルデカイ・シュシャーニという師がやはりいました。シュシャーニ師にももちろんその師がいる。そうやって師弟の系列というのは遡及してゆくと、どんどん師が増えてゆく構造になっている。

ですから僕の中には、そういう無数の師たちからの「贈り物」が豊かに流れ込んでいるという「物語」になっている。とりあえず、僕はその「物語」を信じていて、その「物語」を今度は自分の門人たちに伝えている。彼らは彼らで、それぞれの道場を開いて、自分の門人たちにそれを伝えている。師弟関係というのは、そういう開放的で、力動的な構造のものなんです。

「学びのスイッチ」が入れば、もう停まることはない

——なるほど。いまの時代において、何が求められているのかというお話を、ずっとしていただいたんですけども、内田先生がご自分の師匠を見つけたのと同じように、今の若者たちも、師匠というか、自分がその前で構えを解いて、武装解除できるような人を求めているんだと思います。そして自分を強め、深めるためには、「学び」のモードに入るしかない、と。

内田　そうです。

――「学び」のモードに入れば、あとはどんどん吸収するわけですからね。

内田　ほんとうに最初の一回だけでいいんです。人生のある時点で、「学び」のスイッチがONになれば、もう停まることはないんです。「学び」というのはそういうものなんです。

――その一回というのは、先生の場合は、武道の世界でスイッチが入ったわけですが、それはすべてに通じるということなんですか。

内田　ええ。僕がレヴィナス先生の本を読んで「ああ、この人を師としよう」と決めたのも、その前に多田先生に就いて、「師弟」のモードを身体的に理解し始めていたからです。武道の師弟関係も、哲学の師弟関係も、本質的には変わりませんから。

学者たちはふつう、「レヴィナス研究」というものをやるわけですけれど、その意味で僕は研究者じゃありません。僕は弟子ですから。師の言葉は片言隻句に至るまで、すべてが輝く叡智に満ち溢れている。そういう「物語」を僕は信じることにした。

ですから、翻訳を「写経」と言ったんです。師のお言葉をありがたく押し戴いて、それを拝読する。意味なんかわからなくてもいいんです。偉大な賢者の言葉なんですから、僕程度の人間にすらすらわかるはずがない。

でも、ふつうの学者たちはわからない部分は飛ばして、わかった部分だけを解釈して、「レヴィナスの思想はこれこれのものである」と決めつけようとする。もちろん、それはそれで構わないんです。巨大な思想家を矮小なものに縮減して、「わかったような気になる」ことで、凡庸な知性はある種の全能感や爽快感を手に入れるわけで、そういうものが人間には必要ですから。

だから、世の中には自分の理解が及ばない「賢者」などというものは存在しない、自分が理解できないことは、理解する価値のないことだと思っていたい人は、そう思っていればいい。僕はそれとは違う「物語」を採用するというだけの話です。

わかるところは、どうだっていいんです。僕でもわかることなんかに、たいした意味はない。問題はわからないところなんです。それを理解できるところまで師を追うことを、自分の生涯の課題にしよう、と。それが弟子のポジションであるわけですから。

でも、弟子だと研究論文って書けないんですよ。だって、ただ師の偉大さを絶賛するだけなんですから。そんなものに「学術的中立性」なんか期待すべくもない(笑)。

僕は、「学術的中立性」が重んじられるのは、それが尊重されるほうが、研究者の知性が活性化するという経験則に基づいてのことだと思っているんです。何のエビデンスも示さずに、好き放題のことを書いていいというルールでやったら、知性が活性化しない。学術的生産性が低下する。だから、中立性ということがうるさく言われる。

でも、それだって一個の方便なわけです。学術的中立性に居着いたせいで、知性がうまく活動しないというのであれば、そんなものは気にせずに放り出しちゃえばいい。僕はそういう点では、徹底的にプラグマティックな人間なんです。

学術の最大の課題は、「頭がよく回る」状態はどうしたら作り出せるかについての、経験知の蓄積だと僕は思っています。学術について定められた何らかのルールのせいで知性が不調になるのなら、そんなルールはないほうがましです。

だから、僕はレヴィナスについての本を二冊書いてますけれど、どちらも研究書ではないんです。師がいかに偉大であるかをひたすら称える本です。そこに学術的中立性を求められても、「木によりて魚を求むる」に類することなので、そんなことされても困る。同じ人物を相手にして、研究論文を書きたい人は研究論文を書けばいい。でも、それとは違う文体、それとは違う成り立ちの書き物があってもいいと思うんです。

弟子の立場から師の偉大さを称える文章というのは、ないわけじゃない。幸徳秋水の

『兆民先生』や、永井荷風の『下谷叢話《そうわ》』や、小倉鉄樹の『おれの師匠』は、いずれも師を絶賛する文章で、そこに中立性や客観性は望むべくもありませんが、それぞれ弟子の目から見た中江兆民、森鷗外、山岡鐵舟の生き生きとした相貌を伝えて、一〇〇年経ってもリーダブルな書き物となっています。そういうものを書く人が、学者の中に一人や二人いたっていいじゃないですか。

「この人についていっても大丈夫」という確信

――先生は、レヴィナスの文章に「息づかい」を感じるとおっしゃってましたね。そういう身近に感じる感覚、そして「絶賛したい」気持ちというのは、想像するだけですけども、楽しそうですね。

内田　そりゃ、楽しいですよ。

――すごく人生が楽しくなる、目の前が広がるような感覚があるんじゃないのかなと、想像するんですよ。でも、こんな話、皆さん言わないですよね。

内田　不思議ですよね。どうして師を絶賛する文章を書きたがらないんでしょうね。

だって、師の言葉は叡智に満たされているわけですから、読んでわからないところがあっても、まるで困らない。「ああ、意味が全然わからない。よおし、これからこれがわかるような人間になるぞ」と、遠くを見つめるだけでいいんですから。じたばたしたって始まらない。弟子がじたばたしたくらいで、どうにかなるようなレベルの叡智じゃないんですから。

でも、学者は、「この辺はわかりませんでした」ということを、論文でカミングアウトすることができない。すればいいのにと思うんですけれど、学術論文の書き方のフォーマットとして「わからないこと」は「なかったこと」にする。そういうことになっているんです。

それって、ほんとうにつまらないことだと思うんですよ。悪いけれど、僕たち程度の学者に「わかってしまったこと」は、その程度のことであって、ほんとうに大切なところは、僕らじゃ「手も足も出ない」ところにあるに決まっている。その「わからなさ」について、ああでもない、こうでもないと、みんなでわいわい話し合ってゆくのが、楽しいんじゃないですか。

学術研究は、本来共同作業なんですよ。山登りと同じで、「自分はこの辺のルートから登ってみます。みなさんは他のルートを開拓してください。共に頂上をめざしましょう」という話なんです。自分はこの辺のルートから登ってみたが、「行き止まり」だったというのだって、学者共同体という観点から見れば、十分に有用な情報なんです。自分の研究は「行き止まり」だったけれど、それでも集団的な知恵の蓄積には、一臂《いっぴ》の力を貸したことになる。学術研究も教育も、一人でやる仕事じゃないんです。集団の営為なんです。だったら、なるべく「他の人がやらないようなこと」をするほうが、みんなの役に立つ。

僕はレヴィナスの「わからないところ」にとっついて、そこだけを相手にする。だから、わからないままで人生が終わるかもしれません。

でも、それはそれでいいんです。後世の研究者が「ウチダという人が昔いて、あまり人の登らない『師匠絶賛ルート』を切り拓いて登ってみたようだが、あの辺で遭難して死んじゃったらしい。でも、そこまでは地図ができているし、足場も切ってある。そのルートを試してみたいという物好きな人がいたら、そこまではわりと楽に行けるよ」というふうに考えてくれたら、それでいいんです。

僕がいちばん嫌いなのは、「所詮レヴィナスとはこれこれに過ぎない」というふうに決めつけて、最低の鞍部《あんぶ》で、レヴィナスを「超えた」気になっている研究者なんです。読んでわからない部分は読み飛ばして、自分が解釈できた部分だけをつぎはぎして論文を書く人の気持ちが、僕にはどうしても理解できないんです。集団全体としての知のレベルを上げてゆくことより、おのれ一人の業績リストを賑わすことのほうを優先するようなことをして、何が楽しいのか。そんなことをしても、一〇〇年単位の知の歴史から見たら、ゴミみたいな話じゃないですか。

僕は「わかったこと」はもういいんです。それより「わからないこと」のほうに惹きつけられますけれどね。

――それはやっぱり、自分自身が非力であるというところから始まる「学び」の姿勢があって、ということですか。

内田　そうです。学びというのは、ほんとうに豊かなものなんですよ。「こんな師についていって大丈夫かしら」という不安なんか、持つ必要ないんです。弟子は師が教えていないことも学ぶし、逆にどれほど立派な先生についていても、「この先生は、もしかしたらたいしたことないのかもしれない」とか思ったら、もう学ぶものは何もない。

――それって、弟子は「阿呆になる」という意味じゃないでしょう。

内田　もちろん違いますよ。師に対して自衛的になるんじゃなくて、開放状態に自分を置く。それができるのは、師のそばにいると、「開いていても大丈夫」という安心感が伝わってくるからなんです。師は何を言っているのか理解できないけれど、その息づかいとか体温から、自分を安心させてくれる波動が伝わってくる。師への信頼というのは、そういうものなんですよ。教えの内容が正しいからついてゆくわけじゃないんです。

だって、師の教えが正しいか間違っているか、弟子の分際で判断できるわけないんですから。何を言っているかわからない。だけれど、手触りとか体温とか息づかいとかから、「この人についていっても、大丈夫」という確信が生まれてくる。

――体温とか雰囲気とかを含めて、ですか。

内田　近くにいると、何か暖かい波動が伝わってくるんです。なんとなく、ぽかぽか、気持ちが暖かくなって、心身がリラックスする。それがわかると、「ああ、この人についていっても、大丈夫だ」と。

「師」は走り回って探すもの

――僕は仕事上、さまざまな論客の方に会ってきましたけれど、師匠のお話を聞くことなんてありませんでしたね。それに、「自分が一番」という人も多いし……。

内田　そうですか。それは困りましたね。

――内田先生みたいに、ご自分の師匠のことをうれしそうに語るという人なんて、ほとんどいないですね。別に比較する必要はないんでしょうけど、昔はけっこう「恩師」についての話が、よく出てきたじゃないですか。

内田　そうそう。「三歩下がって師の影を踏まず」とか。

――そういうところに人が集まって。たぶん、桑原武夫さんがいたときの「京都学派」なんか、そういう感じだったんでしょうかね。そういう専門を超えた学術共同体って、今はもうほんとうにないですね。

内田　そうですね。学派とか学統とか、ほんとに消えちゃいましたね。

――学者たちが、自己防衛とかしないで、一緒になって共同研究をやるという姿を見せてくれたら、次に来る人たちも、師弟関係を縦糸にして、集団的に学問をするということがわかってくるんでしょうけれどね。内田先生の場合、伺っていると、ほんとうにいい人生を過ごしてこられたんだなと思います。ほんとうにラッキーなんだな、と。

内田　ラッキー男なんです（笑）。

——ラッキー男ですよね。若い人たちが、これからどう道を拓いていくかというときに、やっぱり今日のお話の通り、先生を見つけてついてゆく、と。弟子になろうと決めるのは自分なんだ、と。

内田　そうですね。

——偉い人がいるから偉くなるんじゃなくて。

内田　師の偉大さというのは、万人にとってそこに客観的に実存するものじゃなくて、弟子が自力で発見するものですからね。

——やっぱり師は探さないとダメなんだ。

内田　そりゃそうですよ。千里の道を遠しとせず、走り回って探さなきゃ。

——ここを外しちゃダメなんですね。ついつい「入れたら出てくる」的に、シンプルな商品購入システムで考えちゃうんですけど、そこが決定的な違いですね。

内田　僕は武道の師匠、多田先生にお会いするまで、一五年間探しましたよ。十歳から探し始めたから。

——十歳から探したということは、この先生はいいとか、自分にとっての師匠じゃないかというのは、自分でわかったんですか。

内田　そうですね。自分で判断してましたね。最初に剣道やっていた頃から、いつも武道の先生はいたわけです。どなたも技量は十分に高かったし、優しい先生もいたし、わかりやすく教えてくれる先生もいましたけれど、なにか違うんじゃないかなと思っていました。

たぶん、今から思うと、その先生たちが「自分の師匠」を目標に稽古していたわけじゃないということだったんでしょうね。もちろん、その方たちだって、若いときには誰かに師事していたんでしょうけれど、どこかで先生のあとを追うことをやめてしまった。

武道の奥義を究めるとかいうのは、少数のよほど専門的な人だけがやることであって、自分は趣味として、近所の子供たちを教えたり、クラブの生徒を教えていれば、それでいいというふうに思ってしまった人は、技量と関係なしに、人の師にはなれないんですよ。

その後、習った武道家の方たちの中には、「自分はかなりできる」ということを自覚して、それを公言していた人もいました。実際にかなり「できた」のかもしれないけれど、僕からすると、それでも師とするには足りなかった。同時代の武道家たちとの相対的な優劣に囚われているというところが、物足りなかったんでしょうね。

多田先生は、植芝先生と天風先生のほうだけを見ている。「大先生はこうおっしゃった」とか「天風先生はこうおっしゃった」という話がほとんどですね。ご自身の話はほとんどされない。多田先生がお若いときに植芝先生や天風先生からどんなことを言われて、どんな技術を教わったか、それを八十歳になった今も熱く、目を輝かせて語られるんです。

――自分がほんとうに学んだことを、そのままそっくり。

内田　できるだけ、そのまま伝えようとされている。自分が二十代のときに学んだことを、なるべくそのまま、無垢な状態であとの世代に伝えたいと、技も、言葉も。多田先生はそういう方ですよね。そういう武道家に会ったのは初めてでしたから。

――内田さんの本が今、こんなに読まれているというのは、なんかわかるような気がしますね。息づかいですよ。それこそ、えも言えぬ、なんだろう、ざわざわ感が……。

内田　なんですかね、ざわざわしますか（笑）。

――師について、茂木健一郎さんにお話を聞いたときも、内田さんと同じようなことをおっしゃっていました。つまり、師という存在があるということで、いかに自分自身を変えていけるか。師がある人とない人は全然違う、と。師匠が見つかれば、人生の問題の半分は解決したようなものだ、と。

内田　そうですね。半分以上解決しちゃうんじゃないかな。だから、師を持たない人って、なんだか気の毒で。

自分がまず「おとな」になってみる

——でも、そんな人がほとんどじゃないですか。『先生はえらい』（ちくまプリマー新書）ではなく、「自分が偉い」ということで来ちゃったということなんですかね。でもそれでは、自分自身を大きく開けない。「師に仕える」というのは、二十一世紀の日本における、キーワードになるんじゃないですか。

内田　そうですね。学びも、共同体でやる仕事なんですよね。集団の営みなんですよ。「学びの共同体」というのは、師弟二人きりの対面関係で形成されているんじゃなくて、複数の師、複数の弟子が絡み合ってできた、立体的な共同体なんですよ。そういう縦横斜めに張り巡らされた共同体が衰退しちゃったんですよね。

それを「国民文化」として、もう一回再生させましょう、と。そういうことをご提案しているわけです。

——それを、自分でできるところからまず始めよう、と。

内田　そうです。「まず隗《かい》より始めよ」で、自分で始める。公共のシステムに不具合があっても、誰の責任だとか、行政は何をしているんだと言うよりも、「まあ、自分の目に入ってきちゃったんだから、しかたがないか。これもご縁」というので、自分でとりあえずやる。

公共というのは、そういうふうに私的なクレジットを供与することでできあがるものであって、あらかじめ存在するわけじゃないんですよ。公共的なシステムの維持管理について、市民は責任があるよという。だって、「おとな」なんだから。まあ、市民でも自分のことしかやらない人もいるけども。

せめて一五人に一人ぐらいは、道にゴミが落ちていたら拾うくらいのことをしてくれたら、世の中なんとかなるんじゃないですか。七パーセント。おとなはそれくらいの比率でいれば十分なんです。今、そのパーセンテージが下がってしまって、五パーセントを切ってしまったので、もう少し戻したいなあ、と。

——すごく素朴な疑問なんですけど、そういうおとなを、じゃあ、どう育てるのか、と。こういう質問自体、なんだか間違っているようにも思うんだけども（笑）。でも訊かざるを得ないんです。この社会の中で、おとなを育んでいくには、どうしたらいいんですかね。

内田　若い人にとって気の毒なのは、ロールモデルがいないということですよね。子供の頃から「ちゃんとしたおとな」を身近に見る機会がない。家庭にもいないし、学校にもいないし、テレビの画面の中にも、どこにも「おとな」が出てこないわけですから。「おとな」っていうのがどんなたたずまいで、どんなふうに話して、どんなふうな表情をするものか、じっくり見たことがないわけですよ。

テレビに出てきて、「最近の若いものは幼児的で困る。もっと公共心を持て」と怒鳴る人はいますけども、そういうことを言っている人自身が、かなり幼児的なわけですから、そんな人に怒鳴られても、「おとな」というのはどういうものか誰もわからない。

その環境で、子供に向かって「おとなになりなさい」というのは、ほんとうに気の毒なんですよ。「おとなというのはこういう人のことですよ」というのを見せてあげないと、話は始まらない。だから、人に向かって「おとなになれ」と命令するんじゃなくて、自分がまず「おとなになってみる」。

——そうですね。誰かやってくれじゃなくて、まず自分が……。

内田　まず自分がやる。まず自分がゴミを拾う。おばあさんがいたら、荷物を持ってあげる。電車の席を譲ってあげる。そういう身近なことからですよね。

——そうか。「どうしたらできますか」って質問は、「誰がやればいいのか」って訊いているのと同じですね。要は自分がやればいいんだ。

内田　自分がやればいいんです。だいたい、おばあさんが来たら、その場の全員がわっと立ち上がって、「オレが持つ」と言って、荷物を奪い合うという話じゃないんです。だって、一人いればいいんだから。

　おばあさんが来たら、みんなで様子をうかがって、中の一人が、まあオレがいちばん近いかな、ということで、ふらりと立ち上がって、「お荷物持ちましょう」って言って、それを見てまわりの何人かが、ほっとする……くらいの感じでいいわけですよ。それでいいんですよ。子供に、「おとな」って何かを教育するには、それぐらいの分布でいいんです。一車輌に二人もいたら、十分ですよ。

――気づかないやつに、カリカリするんじゃなくて。

内田　そうそう。優先席に座っている高校生を蹴飛ばして、「おい、お前ら高校生だろ。全員立ってお年寄りに席を譲れ」みたいなことをわざわざ言うことないんですよ。全員がしなくてもいいことなんですから。自分ひとりが静かに立てばいいわけですよ。

――よくわかりました。じゃあ、ラスト・クエスチョン。

内田　え、まだあるんですか（笑）。

――ぜひ、先生のご本を。

内田　え、ちょっとそれは……。約束したところから順番に片付けているところですから。まあ、こういうようなインタビューを何度かやって、実際に雑誌に載せるのはその一部分でも、しゃべっている量はけっこう多いので、これを活かせれば……。

――というかたちなら、可能ですか。

内田　素材が揃っていて、ちょっと手を入れれば……というような話なら。ウェイティング・リストの後ろのほうでお待ち頂くということで。

――わかりました。じゃあ後ろのほうでウェイティングしますので、そのための不定期でのインタビューをお願いしますね。

内田　はい。わかりました。

――ちょうど予鈴が鳴りました。これから入試委員会の打ち合わせがあるそうですから。

内田　そうなんですよ。どうも、ありがとうございました。

――すみません、今回はほんとうにありがとうございました。

新書版のためのあとがき

みなさん、こんにちは。内田樹です。

最後までお読み頂きありがとうございます。いかがでしたか。僕も今久しぶりに（三年ぶりくらいに）ゲラを読み返したところなんです。自分で言うのもあれですけれど、かなり面白かったです。非常に、と申し上げてよいくらいです。

「まえがき」にも書いてある通り、ここに収録されたエッセイとインタビューの素材は『潮』に不定期に掲載されたものです。でも、単行本化に際して原型をとどめぬほどに加筆訂正をしました。ですから、初出を書誌的に確定することにはあまり意味がないと思います。

僕はこの一〇年くらい手を替え品を変え、あらゆる媒体で「だいたい同じようなこと」を書いています。これが小説とか詩とか、あるいは学術論文というのでしたら「いつもだいたい同じこと」を書いていたら、「恥ずかしいから自己模倣はやめろ」とか「二重投稿はルール違反だ」というきびしい譴責《けんせき》の声が飛んでくるところですけれど、さいわい僕は書き物を通じて「警鐘《けいしょう》を乱打」しているので、そうはなりません。「警鐘乱打」の定義上、みんなが耳を塞《ふさ》いで「もうわかったから、勘弁してくれよ。言う通りにするから、もう止めてくれ」と哀願するところまでしつこく同じことを言い続けないと意味がありませんから。

というわけで、お読み頂きましたとおり、「いつもの話」です。タイトルにありますように、主題は「共同体」です。

誤解して欲しくないのですけれど、僕はここで「あるべき共同体」の理想を語っているわけではありません。そんなものは存在しません。あらゆる共同体はそれぞれの集団が置かれたときどきの歴史的環境に適応して変化します。緩慢《かんまん》ではありますけれど、つねに変化しています。だから、共同体について「問題が起きている」というふうに語るのはあまり適切な表現ではありません。本書の中でも申し上げている通り、それは「問題」というよりはむしろ「答え」だからです。

現代日本における共同体の危機は、いきなり天から襲来した災厄《さいやく》ではなく、何十年もかけて、僕たち日本人が自らの手で仕込んだものです。共同体とは「このようなものであるべきだ」という合意に基づいた、国民の営々たる努力の「成果」なんです。三〇年かけて仕込んだ仕組みが破綻《はたん》し始めた以上、それを補正するための努力にも同じくらいの時間がかかると覚悟したほうがいい。

ですから、家族の問題や学校教育の問題について、「こうすれば、たちまちすべてが解決する」というタイプの言説を口走る政治家や論客を僕は決して信用しません。そこには自分自身が長い時間をかけて、このような事態を準備し、それに加担してきたのではないかという「病識《びょうしき》」が少しも感じられないからです。

僕には「病識」があります。「犯意」と言ってもいい。日本の社会がこのようなものになってしまったことに、ひさしく「共犯」として加担してきたことを僕は認めます。だって、かなりの部分まで、今の日本社会は僕自身が六〇年代や七〇年代に「社会はこういうふうになればいい」と思っていたことが実現したんですから。実際にそれを見たら、げんなりしている。まことに頭の悪い話です。

自分自身が今の日本の「住みにくさ」を作り出すことに加担してきた。だから、僕にはそれを補正する義務がある。その仕事は「問題を解決している」というふうには言うことができません。「責任を果たしている」でもきれいすぎる。「負債を払っている」というのが一番近い。

僕がこういう文章をあちこちに書き連ねたりしているのも、道場を建てたり、寺子屋ゼミを開講したり、若い人たちの起業を支援したり、地域に相互扶助ネットワークを構築しているのも、「みなさん、こういうよいことをしましょう」とアピールしているわけではないんです。そうじゃないんです。あれは「負債」を返しているんです。

実際に、周りを見回すと、同世代の友人たちの多くは還暦を迎えたあたりから、それぞれの仕方で「負債を返す」ことを余生の主務としているように見えます。何か新しいことを始めるというより、自分が加担した取り返しのつかない過失の後始末をし始めている、そんなふうに僕には見えます。誰でも人生の残り時間がカウントダウンに入ると、「身辺を整理したい」と思いますけれど、それにちょっと似ています。とりあえずだいぶ溜め込んでしまった「先人たちへの借り」（もっと広く言えば「日本への借り」）を返しておかねば落ち着いた気持ちでは死ねない、と。

この本で僕がしているのは、そういうことです。古希《こき》が近づき、そろそろ店じまいの時間が近づいてきたので、これまでの自分の「先人たちへの借り」を数え上げてみて、それをなんとか返済したいのです。

親たちや教師たちや先達たちに受けた恩義にお返ししたい。彼らからあれこれと気づかってもらいながら、そのときにはきちんと感謝の気持ちを言葉にすることができなかった。そもそもそれを「ありがたい」とさえ感じなかった。そういう一連の自分の「お礼の言い忘れ」を数え上げて、自分自身が後続する世代に対して、「贈与のパス」を送り出すことで、その「負債」を何とかして相殺《そうさい》したい。そういう「負債の列挙」と「贈与によるその相殺」という地味な手仕事を僕はこの頃になってしているわけです。それを「自己実現」とか「夢の達成」とか呼ぶのはふさわしくない。もっと「みっともないもの」です。でも、この「負債の完済」事業は、自分の欲望や夢想を追うことよりもはるかに緊急性があると僕は感じています。

今の日本は自分が犯した失敗を決して認めず、責任をすべて「悪意の他者」や「想定外の要素」に転嫁《てんか》し、過去のことなんかどうでもいいから、未来を語ろうじゃないかというタイプの方々が大きな声を出しています。こういう人たちは、現代日本の制度疲労の現状に対して、ご自身は何の責任も感じていないらしい。だから、当然補正のための義務も感じていない。現状については、ただ「責任者は誰だ。出てこい。罰を加えるぞ」と怒鳴っているだけです。

本書でも書いている通り、僕はそういう人たちは（老人であろうと、えらそうに腹をせり出していようが）「子供」だと思っています。「子供」は処罰の対象ではない。教化の対象です。だから、諦《あきら》めずに、噛んで含めるように「世の中というのはね、そういうもんじゃないんだよ」と教えてあげるしかない。教えてあげればすぐに聞いてくれるようだったら、苦労はないんですけれども、まあしかたがないです。それ以上のことはできません。なにしろ、そういう連中が「いばれる」システムが構築されてゆく歴史的プロセスの全行程に、僕は公民権を有した国民としてかかわってきて、結果「このざま」に至ったわけですから、「バカがいばる社会」の成立に僕はたしかに共犯として加担しているんです。

僕の唯一のアドバンテージは、「こんな日本が出来上がったことに自分はまったく責任がない」と主張している人たちよりも、「こんな日本が出来上がったことに自分は深い責任を負っている」と思っている人のほうが、制度を補正する仕事には適しているということです。「おい、この厚揚げ、生焼けだよ」と居酒屋のお客さんから言われたときに「オレが作ったんじゃないから、知らねえよ」という店員と「相済みません。すぐに別のをお持ちします」という店員とでは、どちらが失敗の矯正《きょうせい》に役立つかは明らかです。

そういうわけで、内田はこれからもこつこつと個人的な負債を払ってゆく所存でありま
す。あまり世間にはご迷惑をかけないように、社会の片隅でやってまいります。できたら
みなさんも、この国のシステムの補正業務をそれぞれの現場で果たしてくださるとうれし
いです。いっしょにがんばりましょう。

二〇一六年十一月　　内田　樹

内田　樹　うちだ・たつる

一九五〇年東京都生まれ。東京大学文学部仏文科卒業。東京都立大学大学院博士課程中退。武道家。神戸女学院大学名誉教授。専門はフランス現代思想、映画論、武道論。多田塾甲南合気会師範。著書に『ためらいの倫理学』『「おじさん」的思考』『先生はえらい』『昭和のエートス』『呪いの時代』『街場の憂国論』『困難な成熟』『態度が悪くてすみません』など多数。『私家版・ユダヤ文化論』で第六回小林秀雄賞、『日本辺境論』で新書大賞2010受賞。第三回伊丹十三賞受賞。

潮新書 005

街場の共同体論

2017年　1月20日　初版発行

著　者｜　内田 樹
発行者｜　南 晋三
発行所｜　株式会社潮出版社
〒102-8110
東京都千代田区一番町6　一番町SQUARE
電話　■03-3230-0781（編集）
■03-3230-0741（営業）
振替口座■00150-5-61090

印刷・製本｜　明和印刷株式会社
ブックデザイン｜　Malpu Design
オビ写真｜　東 泰宏

ISBN978-4-267-02074-2